Sebastian Göppert

Lesekompetenz: Bedeutung und Förderung im sozialwissenschaftlichen Unterricht

Diplomica® Verlag GmbH

Göppert, Sebastian: Lesekompetenz: Bedeutung und Förderung im sozialwissenschaftlichen Unterricht, Hamburg, Diplomica Verlag GmbH 2009

ISBN: 978-3-8366-8069-1
Druck Diplomica® Verlag GmbH, Hamburg, 2009

Bibliografische Information der Deutschen Bibliothek
Die Deutsche Bibliothek verzeichnet diese Publikation in der Deutschen Nationalbibliografie;
detaillierte bibliografische Daten sind im Internet über
<http://dnb.ddb.de> abrufbar.

Die digitale Ausgabe (eBook-Ausgabe) dieses Titels trägt die ISBN 978-3-8366-3069-6
und kann über den Handel oder den Verlag bezogen werden.

Inhaltsverzeichnis

1. Einleitung – Zur Bedeutung von Lesen in der Mediengesellschaft

Jedes Jahr wählt die Gesellschaft für deutsche Sprache[1] ein Wort aus, das den Titel „Wort des Jahres" tragen darf. Dabei „werden Wörter und Ausdrücke [berücksichtigt], die die öffentliche Diskussion des betreffenden Jahres besonders bestimmt haben, die für wichtige Themen" (GfdS, o.J.) der Gesellschaft stehen. 1995 fiel die Wahl auf ein Wort, das nicht nur für dieses Jahr charakteristisch ist, sondern für eine Erscheinung steht, die entscheidend ist für die moderne Gesellschaft, so wie sie heute existiert: Multimedia (vgl. GfdS, o.J.). Groeben (2002, S. 11) stellt fest, dass das „zwanzigste Jahrhundert […] durch eine – zunehmend schnellere – Abfolge des Auftretens neuer Medien geprägt worden" sei. Diese Entwicklung scheint sich unaufhaltsam fortzusetzen, multimediale Angebote durchdringen unser Leben in der heutigen Gesellschaft.

Hurrelmann (1994, S. 18) stellt fest, dass in der öffentlichen Diskussion mit dieser Ausbreitung von Bildmedien oft der „Untergang der Lesekultur" prophezeit werde. Jedes neue Medium gelte dabei als „Todfeind des klassischen Print-Mediums" (Groeben, 2002, S. 11). Die audiovisuellen Medien stünden in einem „Verdrängungswettbewerb" mit den traditionellen gedruckten Medien, „so, als könne das Bildmedium Fernsehen (inzwischen auch Video, Computer etc.) umstandslos an die Stelle der Printmedien treten" (Hurrelmann, 1994, S. 18). Diese Position lässt sich empirisch untermauern: In einer Langzeitstudie zur Mediennutzung hat die ARD/ZDF-Medienkommission herausgefunden, dass sich zwischen 1980 und 2000 das Zeitbudget der Mediennutzung der deutschen Bevölkerung ab 14 Jahre von sechs auf achteinhalb Stunden täglich erhöht hat. Bei Printmedien

---

[1] Gesellschaft für deutsche Sprache, im Folgenden GfdS.

ist jedoch ein Rückgang zu verzeichnen. Mit 12 Prozent der Mediennutzungszeit liegen sie zudem deutlich hinter Radio (41%) und Fernsehen (37%) (vgl. Hurrelmann, 2004, S. 42). Unterstützt wird die daraus abgeleitete rückläufige Bedeutung des Lesens durch einen Befund der PISA-Studie[2], nach dem sich 42 Prozent der 15-Jährigen als „bekennende […] Nichtleser" bezeichnen (vgl. ebd., S. 53). Folglich könne man „schriftliche Kommunikation [und damit das Lesen] in der modernen Medienwelt für überlebt erklären" (ebd., S. 41).

Einen „allgemeinen spektakulären Niedergang der Lesekultur" erwartet Hurrelmann (1994, S. 19) dennoch nicht. Dazu führt sie zwei Argumente an. Erstens könne man unter diachron-medienwissenschaftlicher Perspektive erkennen, dass es normal sei, wenn mit dem Aufkommen neuer Medien der Untergang eines anderen prophezeit wird. Unmittelbare Verdrängungen gebe es dabei jedoch nicht. Beispielsweise habe „das Telefon [ja auch nicht] den Brief zum Verschwinden gebracht", Gleiches gelte für Theater und Fernsehen (ebd., S. 18). Lediglich Funktionsverschiebungen seien festzustellen. Damit sei auch das Lesen nicht durch audiovisuelle Medien bedroht. Dieses Argument Hurrelmanns ist jedoch nicht unproblematisch, einen wirklichen Beweis, dass das Lesen nicht doch komplett durch ein neues Medium überflüssig gemacht werden könnte, liefert es nicht. Es beruht schlichtweg auf historischen Erfahrungen. Stichhaltiger ist Hurrelmanns (2004, S. 41) zweites Argument: Gerade „die neuen Medien [setzen] Lesefähigkeit zu ihrem effektiven Gebrauch voraus". Lesen gelte, „mittlerweile unbestritten" (ebd.), als „Schlüssel zur Medienkultur" (Hurrelmann, 1994, S. 21). So konnten Bonfadelli und Saxer (zit. n. ebd.) nachweisen, dass Jugendliche, die regelmäßig lesen, unabhängig von ihrer

---

[2] Programme for International Student Assessment (Programm zur internationalen Schülerbewertung), im Folgenden PISA.

Schulausbildung aus informativen Fernsehsendungen mehr profitieren als regelmäßig fernsehkonsumierende Jugendliche ohne Leseinteresse. Ursache seien die beim Lesen eingeübten Rezeptionsmuster: Lesen erfordere „Konzentration und bewußte, willentliche Zuwendung" (ebd.). Regelmäßige Leser seien demnach auch „verständigere Fernseher", weil sie durch ihre Leseerfahrungen gewohnt seien, „eigene Kombinationen und Schlüsse zu ergänzen statt einfach in die Bilderflut einzutauchen" (ebd.).

Artelt u.a. (2001, S. 69) weisen darauf hin, dass das Lesen darüber hinaus ein wichtiges Mittel des Lernens sei. Das oben beschriebene typische Rezeptionsmuster des Lesens fördere den Aufbau von Wissensstrukturen. Daher sei Lesekompetenz gerade in der heutigen Wissensgesellschaft, in der lebenslanges Lernen von großer Bedeutung ist, notwendig. Lesen dürfe jedoch nicht auf die Funktion des Wissenserwerbs eingeengt werden. Literarische Texte böten darüber hinaus „die Möglichkeit der Lebensbewältigung, des ästhetischen Erlebens, der Befriedigung von Unterhaltungsbedürfnissen sowie der Sinnfindung und der Persönlichkeitsentfaltung" (ebd.).

Die oben genannte, hohe Zahl von Nichtlesern müsse zudem relativiert werden. Bei entsprechenden Erhebungen würde die Frage nach dem persönlichen Stellenwert des Lesens primär auf das Bücherlesen bezogen. Allerdings sei Lesekompetenz für die Nutzung neuer Medien an vielen Stellen die Voraussetzung (vgl. Hurrelmann, 2004, S. 42) – sei es bei der Bedienung des Menüs einer Spielkonsole oder bei der Bearbeitung der Playlist eines iPods. Daher könne man davon ausgehen, so Hurrelmann weiter, dass „zunehmend auch Nichtleser von Büchern als Leser einzustufen sind." Allerdings öffne sich „die Schere zwischen den ‚[i]nformationsreichen' [Lesern], die viel lesen, und den nicht oder kaum lesenden ‚[i]nformationsarmen'" (ebd., S. 43) Lesern. Die Zugehörigkeit zu einer dieser Lesegruppen sei stark bildungsabhängig. Daraus lässt sich die Polarisierungshypothese von Six ableiten (zit. n. Hurrelmann, 1994, S. 19): Es sei anzunehmen, dass „die in Ressourcen und Kompetenzen Privilegierten die Medienangebote" unter anderem durch ihre beim Lesen erworbenen Rezeptionsmuster „eher so nutzen, daß sie ihrer sozialen Durchsetzung dienlich sind." Lesekompetenz ist demnach ein wichtiger Faktor für die Positionierung in der Gesellschaft. Hurrelmann spricht dabei von einer „Segmentierung der Gesellschaft in Medienaktive [mit hoher] und Medienpassive" mit geringer Lesefähigkeit. Aufgrund ihrer Bildungsabhängigkeit verstärke die Lesekompetenz damit die bestehenden sozialen Unterschiede. Daher wird die Polarisierungshypothese auch als Knowledge-gap-Hypothese bezeichnet (vgl. Hurrelmann, 2004, S. 43).

Es wurde deutlich, dass Lesekompetenz auch in der Mediengesellschaft nach wie vor von großer Bedeutung ist – vielleicht ist sie wichtiger denn je (vgl. Hurrelmann, 2004, S. 41), vielleicht gar unverzichtbar (vgl. Artelt u.a., 2001, S. 78). Auf der anderen Seite messen immer mehr Menschen, insbesondere in bildungsfernen Schichten, dem Lesen immer weniger Bedeutung zu. So ergab eine Studie von Rosebrock (zit. n. Hurrelmann, 2004, S. 56), dass Frankfurter Hauptschüler[3] über die „kollektive Selbsteinschätzung" verfügen, dass Lesen „eine Sache der anderen" sei. Folge ist die beispielsweise von PISA nachgewiesene schlechte Leseleistung der Jugendlichen. Diese wird keinesfalls nur Hauptschülern attestiert, sondern Schüler aller Schulformen weisen im internationalen Vergleich nur unterdurchschnittliche Leseleistungen auf (vgl. Artelt u.a., 2001, S. 101ff). Im Rahmen ihres Auftrags zur Vermittlung eines reichhaltigen kulturellen Wissens sowie ihrer Sozialisationsfunktion sei es, so Baumgart und Lange (2006, S.

---

[3] Zum Zwecke der besseren Lesbarkeit wird im Folgenden durchgängig nur die männliche Form verwendet. Schülerinnen und Lehrerinnen mögen sich durch diese Entscheidung bitte nicht benachteiligt fühlen.

107), unbedingte Aufgabe der Schule, Heranwachsenden Lesefähigkeit zu vermitteln. Dabei scheint sie derzeit allerdings nicht sonderlich erfolgreich zu sein.

In diesem Untersuchung wird der Frage nachgegangen, wie eine erfolgreiche schulische Leseförderung im Allgemeinen aussehen könnte und welche Rolle der sozialwissenschaftliche Unterricht im Speziellen dabei einnehmen kann. Dazu werden in Kapitel 3 zwei Konzeptionen von Lesekompetenz vorgestellt: Das Literacy- und das kulturwissenschaftliche Konzept. Gemeinsam ist diesen, dass sie beide Lesefähigkeit als Schlüsselkompetenz für soziale Handlungsfähigkeit in modernen Gesellschaften erachten. Im Literacy-Konzept ist Lesen jedoch ein Kulturwerkzeug, das für eine befriedigende Lebensführung in variablen Situationen angemessen eingesetzt werden muss, wohingegen beim kulturwissenschaftlichen Konzept die „personale […] Bildung qua sprachlich-ästhetischer Erfahrung" (Hurrelmann, 2004, S. 41) im Mittelpunkt steht. An eine allgemeine Einführung in diese beiden Modelle schließt sich jeweils direkt die Vorstellung eines Bereichs an, in dem sich das jeweilige Konzept niederschlägt. Beim Literacy-Konzept wird diesbezüglich auf die PISA-Studie eingegangen, das kulturwissenschaftliche Konzept liegt der Lesesozialisationsforschung zu Grunde. Aus den Ergebnissen dieser Forschungsbereiche werden Ansatzpunkte zur Leseförderung ersichtlich werden. Diese werden in Kapitel 4 zu einer Idee für die Gestaltung einer erfolgreichen Leseförderung in der Schule zusammengeführt. Die Idee bezieht nicht nur den Deutschunterricht mit ein, sondern sie nimmt alle Fächer, in denen das Lesen eine Rolle spielt, in die Pflicht. In Kapitel 5 werden die Fächer Deutsch und Sozialwissenschaften hinsichtlich ihrer Vorgaben in Lehrplänen, Bildungsstandards und der einheitlichen Prüfungsanforderungen für das Abitur[4] untersucht. Meine These ist, dass der in der öffentlichen Diskussion für die bei PISA festgestellten unbefriedigenden Leseleistungen oftmals an den Pranger gestellte Deutschunterricht nicht der Hauptverantwortliche ist, da diesem nicht das bei PISA gemessene Literacy-, sondern vielmehr das kulturwissenschaftliche Konzept zugrunde liegt. Der Fokus dieses abschließenden Kapitels liegt auf dem Fach Sozialwissenschaften. Daher werden sich die Ausführungen für das Fach Deutsch auf eine Lehrplananalyse und einen kurzen Kommentar beschränken, während das leseförderliche Potenzial des sozialwissenschaftlichen Unterrichts intensiver untersucht wird. Dabei wird insbesondere auf die hermeneutische Textinterpretation sowie auf die in der Forschung nicht ausreichend geklärte Frage eingegangen, ob es eine spezifisch sozialwissenschaftliche Lesekompetenz gibt. Im Folgenden Kapitel 2 wird jedoch zunächst erläutert, wie man den Prozess des Lesens beschreiben kann.

---

[4] Einheitliche Prüfungsanforderungen für das Abitur, im Folgenden: EPA.

2. Der Leseprozess

Bei der Beschreibung der Lesekompetenzkonzepte, der sich daraus ergebenden Ansatzpunkte zur Förderung, aber auch bei der Beschreibung der Vorgehensweise bei der Textanalyse wird in den folgenden Kapiteln immer wieder auf den Leseprozess selbst Bezug genommen. Dabei sind die auf das Lesen gerichteten Perspektiven sowohl der Kognitionspsychologie (Kapitel 2.2) als auch der Hermeneutik (2.3) relevant. In diesem Kapitel werden diese beiden Blickrichtungen auf das Lesen vorgestellt, die Ausführungen werden sich allerdings auf die für das Verständnis der nachfolgenden Kapitel wichtigen Aspekte beschränken. Zunächst werden im Folgenden jedoch die grundlegenden Ideen der Organisation von Wissen im Gedächtnis skizziert, auf denen der kognitionspsychologische Ansatz beruht.

2.1 Organisation von Wissen im Gedächtnis

Um sich der Organisation von Wissen zu nähern, wird zunächst erläutert, was Wissen überhaupt ist. In der Literatur wird grundsätzlich zwischen deklarativem und prozeduralem Wissen unterschieden. *Prozedurales Wissen* ist Wissen, das unmittelbar in Handlungen zum Ausdruck kommt. Die handelnden Individuen können in der Regel jedoch nicht direkt über das in der Handlung enthaltene Wissen Auskunft geben: „Man kann im allgemeinen nicht verbalisieren, wie man [… die Handlung vollzieht], obwohl man das Verfahren in der Praxis problemlos beherrscht" (Reiss/Abel, 1999, S. 176). Ein von Eysenck und Keane geprägtes Beispiel hierfür ist das Fahrradfahren. Wenn im Folgenden von Wissen die Rede ist, bezieht sich dies jedoch nicht auf das prozedurale, sondern auf das kommunizierbare *deklarative Wissen*. Es handelt sich insbesondere um definitorisches Wissen, das sich aus zwei Bestandteilen zusammensetzt: aus Begriffen und Relationen. *Begriffe* sind die Basiseinheiten des deklarativen Wissens. Hierunter fällt beispielsweise das definitorische Wissen, was ein Fahrrad ist. Ein Begriff bezeichnet allerdings nicht ein spezifisches Objekt, sondern eine Gruppe von Objekten mit einer „kontingente[n] Menge gemeinsamer Merkmale" (Seel, 2003, S. 162). Merkmale des Begriffs Fahrrad sind beispielsweise zwei Räder und Tretantrieb. Dadurch kann nicht nur das real bekannte Fahrrad erkannt werden, sondern prinzipiell jedes, das die dem Begriff zugeordneten Merkmale aufweist. Dem Begriff Fahrrad entsprechen „unmittelbar Objekte der wahrnehmbaren Welt" (ebd., S. 161). Damit kann er als „konkreter Begriff" bezeichnet werden. Im Gegensatz dazu gibt es Begriffe, denen nichts unmittelbar Anschauliches entspricht: Demokratie ist beispielsweise „das Ergebnis einer Abstraktion" und kann nur durch ihre Beziehungen zu anderen Begriffen verstanden werden. Diese *Beziehungen* zwischen Begriffen sind der zweite Bestandteil des deklarativen Wissens.[5] Die konkreten Begriffe Fahrrad und Fahrradfahrer sind beispielsweise durch die Beziehungen Lenken und Durch-Treten-Antreiben miteinander verbunden. Am Beispiel der Relation Lenken zwischen Fahrrad und Fahrer wird zudem deutlich, dass die Beziehungen zwischen den Begriffen immer eine Richtung aufweisen (Seel, 2003, S. 178).

Der reine Informationsgehalt einer solchen Beziehung kann noch nicht als Wissen bezeichnet werden. Es handelt sich „lediglich um Bedeutung tragende Daten, die außerhalb vom Menschen existieren (Wiener, 1948, zit. n. Al-Diban, 2002, S .18). Wissen zeichnet sich hingegen dadurch aus, dass Informationen über Begriffe oder Beziehungen in „individuelle[r] und mo-

---

[5] Teilweise werden die beiden Bestandteile des deklarativen Wissens, Begriff und Beziehung, in der Literatur auch als Argument und Prädikat bezeichnet (vgl. Reiss/Abel, 2007, S. 177).

tivierte[r] Auseinandersetzung" (Al-Diban, 2002, S. 18) verarbeitet werden. Bei diesem Verarbeitungsprozess werden die neuen Informationen mit bestehendem Wissen in Verbindung gebracht (ebd., S. 23). Diese auf der Basis bisheriger Erfahrungen aufgebauten Begriffe und Beziehungen bezeichnet man als semantisches Wissen. Da es auf individuellen Erfahrungen beruht, weist es zumindest eine subjektive Plausibilität auf – der Realität muss es nicht zwingend entsprechen. Das semantische Wissen kann in einem semantischen Netz dargestellt werden. Darin wird versucht, alle Begriffe und deren Beziehungen untereinander so abzubilden, wie sie das Individuum konstruiert hat. Dieses Netz stellt als Wissensbasis die Grundlage für mentale Modelle dar. In mentale Modelle fließt neben dem semantischen auch das symbolische Wissen ein. Dieses umfasst persönliche Wertvorstellungen, Glauben und Meinungen (vgl. ebd., S. 24f). Auch diese sind individuell sehr unterschiedlich ausgeprägt. Mentale Modelle unterscheiden sich jedoch nicht nur zwischen einzelnen Individuen, sondern sie sind auch im Zeitverlauf kein festes Konstrukt, sie verändern sich durch Lernprozesse dynamisch (vgl. Reiss/Abel, 1999, S. 176). Ein konstruiertes mentales Modell wird „so lange beibehalten, wie es Plausibilität [für seinen Konstrukteur] in Bezug auf die Wirklichkeit erzeugt" (Seel, zit. n. Al-Diban, 2002, S. 26). Plausibilität umfasst sowohl den Erklärungswert als auch die Vorhersagekraft für Prozesse der Umwelt. Erweist sich das Modell in Bezug auf die Wirklichkeit jedoch als fehlerhaft, sei es durch neue Erfahrungen oder Informationen, die nicht mit dem Modell in Übereinstimmung gebracht werden können, besteht die Notwendigkeit der Reorganisation des mentalen Modells (vgl. ebd.).[6]

---

[6] Diese grundlegenden Prinzipien der Strukturierung von Wissen in mentalen Modellen sind lediglich als Hintergrundwissen für die folgenden Beschreibungen des Leseprozesses zu verstehen. Sie erheben keinesfalls den Anspruch, das Denken in mentalen Model-

Eine Möglichkeit, neue Informationen zu erlagen stellt das Lesen dar. Wie der Leseprozess unter kognitionswissenschaftlicher Perspektive abläuft, wird im folgenden Kapitel skizziert. Dabei wird insbesondere auf das Modell von Kintsch sowie überblicksartig auf multiple mentale Modelle eingegangen. Die grundlegende Beschreibung der Strukturierung des Wissens in mentalen Modellen, die in diesem Kapitel erfolgte, dient dazu als Hintergrundfolie.

2.2 Der Leseprozess aus kognitionspsychologischer Perspektive

Moderne kognitionspsychologische Theorien zur Erklärung des Leseprozesses haben gemein, dass sie das Lesen in verschiedene Teilprozesse ausdifferenzieren. Unter Anlehnung an die Systematisierung von Richter und Christmann (2002, S. 34-45) lassen sich vier Arbeitsebenen unterscheiden, auf denen wiederum konkrete Teilprozesse beschrieben werden. *Basale Wahrnehmungsprozesse* wie beispielsweise Augenbewegungen oder die Wahrnehmungsspanne[7] bilden die erste Arbeitsebene. Diese ist nötig, um die visuellen Reize des Lesens verarbeiten zu können. Auf der Mikroebene des Textes ist die *Wortebene* angesiedelt. Hier finden beispielsweise lexikalische Prozesse, wie die Zuordnung von Bedeutung zu Worten, statt. Auf der *Satzebene* soll lokale Kohärenz gebildet werden. Dabei stellt der Leser unter dem Rückgriff auf sein Vorwissen „semantische Relationen zwischen aufeinander folgenden Sätzen" (Stanat/Schneider, 2004, S. 247) her.

---

len gänzlich zu beschreiben. Für detailliertere Ausführungen sei auf Seel (2003) und Al-Diban (2002) verwiesen.

[7] Als Wahrnehmungsspanne wird „der Bereich [des Sehfeldes] um einen Fixationspunkt [bezeichnet], dem bestimmte Informationen entnommen werden können" (Richter/Christmann, 2002, S. 35). Gute Leser sollten über einen höheren Fixationspunkt verfügen.

Prozesse auf der *Makroebene des ganzen Textes* dienen schließlich der Herstellung von globaler Kohärenz. Die Erzeugung von globaler Kohärenz zeichnet sich dadurch aus, dass größere Textteile analysiert werden, „um den globalen inhaltlichen Zusammenhang auf höherer Abstraktionsebene zu erfassen" (ebd.).

Auch wenn sich die modernen Theorien zur Erklärung des Leseprozesses auf diese oder ähnliche Arbeitsebenen beziehen, so unterscheiden sie sich jedoch in der Beschreibung des Zusammenspiels der einzelnen Ebenen. *Modulare Theorien* gehen von einem autonomen Agieren der Ebenen aus. Erst wenn eine niedrigere Prozessebene erfolgreich abgeschlossen werden konnte, kann der Leser die Aufgaben einer höheren Ebene bewältigen. So sei beispielsweise das Herstellen der lokalen Kohärenz auf der Satzebene nicht möglich, wenn die basalen Wahrnehmungsprozesse nicht funktionieren. Vertreter *interaktionistischer Theorien* sind hingegen der Ansicht, dass die einzelnen Teilprozesse gleichzeitig oder überlappend ablaufen können. So setzen „höhere Prozesse […] in der Regel bereits ein […], bevor niedrigere völlig abgeschlossen sind" (ebd., S. 246). Stanat und Schneider (ebd.) stellen fest, dass sich interaktionistische Modelle, insbesondere das Modell von Kintsch, in der empirischen Leseforschung besser bewährt hätten.

Das Modell von Kintsch unterscheidet zwischen zwei Fähigkeitsbereichen, zwischen dem Dekodieren von Schriftsprache und allgemeinen sprachlichen Fähigkeiten. Außerdem sind die domänenspezifischen Wissensbestände am Leseprozess beteiligt (vgl. Nold/Willenberg, 2007, S. 26). Der Leseprozess des kintsch'schen Modells lässt sich treffend als „sukzessive Verarbeitung von Informationen im Text unter Rückgriff auf das Langzeit-

und Arbeitsgedächtnis" (ebd., S. 27) beschreiben.[8] Konkret läuft er folgendermaßen ab: Auf der Mikroebene entschlüsselt der Leser beim Lesen die aktuell wahrgenommene Lexik. Die dabei aufgenommenen Begriffe und Beziehungen sind in der unten folgenden Abbildung 1 grün markiert. Bestehen bei einem Leser Schwächen auf dieser Ebene, könnten Teilprozesse auf anderen Ebenen kompensatorisch wirken (vgl. ebd., S. 26). Können beispielsweise Worte nicht mit semantischem Inhalt gefüllt werden, kann möglicherweise ein ausgeprägtes Vorwissen dieses Defizit ausgleichen. Gleichzeitig zu diesem Prozess der Aufnahme von neuen Informationen werden im sogenannten „episodic text memory" zuvor verarbeitete Informationen des Textes noch präsent gehalten. Zu den hier gespeicherten Begriffen wurden bereits Beziehungen zu im Langzeitgedächtnis gespeicherten Begriffen hergestellt. Zudem stehen sie dem Leser zur Verknüpfung mit den neu aufgenommenen Begriffen bereit (vgl. ebd., S. 27). Dieses Wissen im episodic text memory ist in Abbildung 1 blau markiert. Durch die Aufnahme der neuen Informationen wird zudem das domänenspezifische Wissen angesprochen (rote Markierung). Kintsch geht dabei davon aus, dass sich ein hohes domänenspezifisches Vorwissen leseerleichternd auswirkt. Helmke und Weinert (zit. n. ebd.) sehen hierfür einen Beweis in der Feststellung, dass „fußballerische Texte selbst für lesefreudige aber fußballferne Mädchen schwerer verständlich sind als für langsam lesende Jungen, die jedoch Erfahrung mit dem Kicken haben." Nold und Willenberg (2007, S. 26) weisen darauf hin, dass Erschließungsfragen zum Text „die Bedeutung des domänenspezifischen Wissens" reduzieren können – vermutlich weil sie ebenso wie das Vorwissen aufmerksamkeitslenkend wirken.[9] In Abbildung 1 schwarz markiert ist das im Langzeitge-

---

[8] Eine schematische Darstellung des Leseprozesses nach Kintsch ist in Anhang 0 zu finden – die folgenden Ausführungen nehmen direkt Bezug zu dieser Darstellung.

[9] Zur Methode der Erschließungsfragen: vgl. Kapitel 5.2.3.3.

dächtnis bestehende mentale Modell aus Begriffen und ihren vielfältigen Beziehungen. Auch die grau markierten Kreise sind Bestandteil dieses mentalen Modells. Allerdings symbolisieren sie Begriffe und Beziehungen, für die sich der Leser Anschlussmöglichkeiten für die folgenden Informationsentnahmen aus dem Text erhofft. Er kann diese Erwartungen dadurch aufbauen, indem er der aktuellen Lektüre in Gedanken minimal vorauseilt (vgl. ebd., S. 27). Ziel des Lesens im Modell von Kintsch ist der Aufbau eines mentalen Modells auf globaler Textebene, er selbst nennt es Situationsmodell. Ist dieses entstanden, hat der Leser den Gesamtzusammenhang des Textes erschlossen.

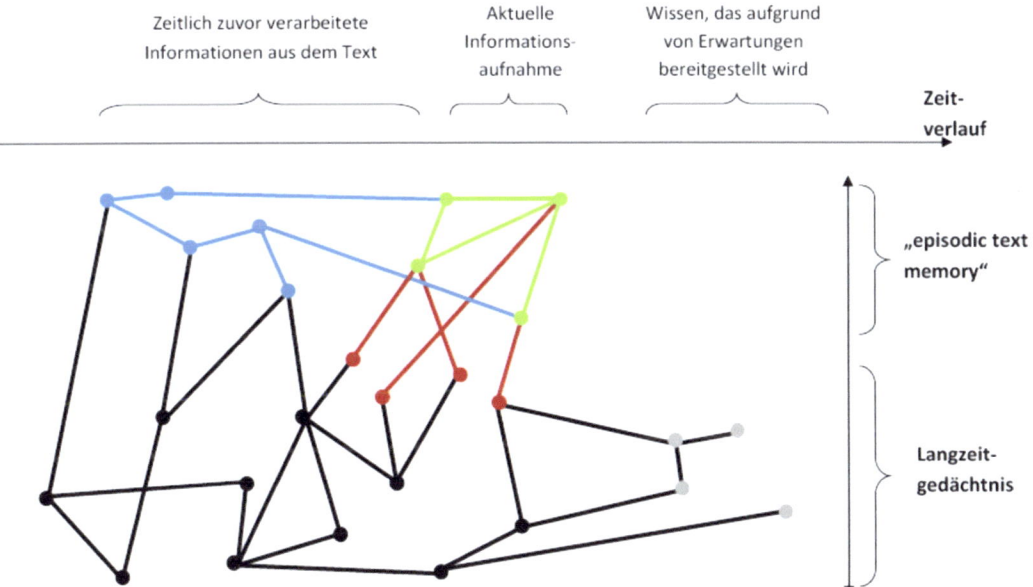

Abbildung 1: Der Leseprozess nach Kintsch: sukzessive Verarbeitung von Informationen im Text unter Rückgriff auf das Langzeit- und das Arbeitsgedächtnis.
Quelle: Kintsch/Patel/Ericsson, 1999, S. 190, zit. n. Nold/Willenberg, 2007, S. 27. Hier: Bearbeitete Darstellung.

In der Literatur sind neben diesem Modell von Kintsch noch wesentlich komplexere Erklärungen für das Textverstehen zu finden. Beispielsweise stellen Schnotz und Dutke (2004) ein Modell multipler mentaler Repräsentationen vor. Auch nach diesem konstruiert der Leser beim Textverstehen mentale Repräsentationen auf unterschiedlichen Textebenen. Schnotz und Dutke differenzieren das Modell jedoch weiter aus. Grundsätzlich unterscheidet es zusätzlich die Arbeitsebenen des Textverstehens für verschiedene Textsorten: Beim Lesen von Diagrammen wird eine sogenannte „depiktionale Repräsentation" (vgl. ebd., S. 74f) gebildet, deren Konstruktion leicht abweichende Anforderungen an den Leser stellt, als dies „deskripionale Repräsentationen" (vgl. ebd., S. 73f) bei schriftsprachlichen Texten tun. Außerdem bildet der Leser in diesem Modell zusätzliche Repräsentation, beispielsweise auf der Ebene des Textgenres oder der Kommunikationsabsicht des Autors (vgl. ebd., S. 73). Zudem werden die Repräsentationen, je nach dem Zweck, den sie erfüllen sollen, nach unterschiedlichen Qualitäten unterschieden (vgl. ebd., S. 74).[10]

Der Prozess des Verstehens von Texten kann nicht nur unter kognitionspsychologischer, sondern auch unter geisteswissenschaftlicher Perspektive betrachtet werden. Die Hermeneutik ist eine traditionelle Forschungsrichtung der Philosophie, die sich mit dem Textverstehen auseinandersetzt. Da sie die Basis für die politikdidaktische Textanalyse bildet, die in Kapitel 5.2 vorgestellt wird, werden die grundlegenden Ideen des Textverstehens unter hermeneutischer Perspektive im folgenden Kapitel knapp skizziert.

---

[10] Eine detaillierte Beschreibung dieser Konzeption des Textverstehens in multiplen mentalen Repräsentationen würde unter der Fragestellung dieser Studie jedoch zu weit führen. Hierfür sei auf die Ausführungen von Schotz und Dutke (2002, insbesondere S. 61-65 und 71-78) verwiesen.

2.3 Das Verstehen von Texten unter hermeneutischer Perspektive

Als Hermeneutik wird die in philosophischer Tradition stehende Lehre vom Verstehen bezeichnet. Dieses Verstehen kann sich, je nach Interpretationsansatz, auf schriftsprachliche Texte, mündliche Äußerungen, Kunstwerke (vgl. Jeßing/Köhnen, 2003, S. 195) oder auch auf alle Dinge der alltäglichen Lebenspraxis (vgl. ebd., S. 199) beziehen. Im Folgenden wird auf das Verstehen von Texten eingegangen. Grundlegend von Bedeutung sind dabei zwei Erkenntnishorizonte; einerseits der des Lesers, andererseits der des Textes.

Ein Text ist in seiner Ausgangslage beeinflusst durch seinen Produzenten, in ihm manifestiert sich die Perspektive des Autors auf das behandelte Thema. Diese ist beispielsweise beeinflusst durch sein Leben, seine Psyche und die Epoche, in der der Text verfasst wurde. Wird der fixierte Text nun gelesen, stößt er auf immer neue, unterschiedliche Leserperspektiven. In der Regel wird davon ausgegangen, dass die Rolle des Lesers durch zwei Faktoren bestimmt wird. Einerseits hat der Leser, ebenso wie auch der Autor, seine subjektive Perspektive auf die Welt. Die kognitionspsychologischen Erklärungsansätze würden von individuellen mentalen Modellen sprechen, in der Hermeneutik wird dies als „psychologische Interpretation" (ebd., S. 197) bezeichnet. Zweitens muss der Leser „mit Deutungstechniken vertraut [sein], die sich auf den sprachlichen Aufbau eines Textes beziehen und von der individuellen Sprachverwendung bewusst absehen" (ebd.). Darunter fallen katalogisierbare, handwerkliche Fähigkeiten zur Interpretation. Anders ausgedrückt: Jeder Text ist durch den Erkenntnishorizont seines Produzenten bestimmt. Beim Lesen bringt der Rezipient dem Text allerdings seinen eigenen, individuellen Erkenntnishorizont entgegen. Daher ist das Verstehen von Texten immer individuelle Deutungsarbeit.

Schleiermacher (1799, zit. n. ebd.) geht davon aus, dass sich ein Leser beim Deuten eines Textes in die „schöpferische […] Phantasie" des Autors hineinarbeiten muss. Das heißt, dass er sich in die Situation des Autors bei der Textproduktion möglichst genau hineinversetzen müsse, um dessen psychologische Interpretation nachzuvollziehen. Dies wird in der Literatur als divinatorisches Verstehen bezeichnet (vgl. ebd.). Dazu könne der Leser auf die oben angesprochenen festgelegten Deutungstechniken zurückgreifen. Das divinatorische Verstehen ist nach Schleiermacher nötig, denn ein Text könne nur aus der Perspektive seines Produzenten heraus adäquat erfasst werden.

Sowohl Heidegger (1927, zit. n. ebd., S. 199f) als auch Gadamer (1960, zit. n. ebd., S. 200) gehen anders an den Verstehensprozess heran. Der Leser habe nach ihnen nicht die Aufgabe des divinatorischen Verstehens, sondern für die individuelle „Wiedererweckung des Textsinns [sei] immer […] der eigene Horizont des Interpreten bestimmend" (Gadamer, 1960, zit. n. ebd.). Das heißt, dass der Leser auf der Basis seiner subjektiven Perspektive dem Text Bedeutung zuschreibt. Da sich Leser- und Autorenhorizont jedoch unterscheiden, können auch deren Bedeutungszuschreibungen nicht übereinstimmen. Durch das Lesen werde dem Text also ein neuer, weiterer Sinn zugesprochen. So könne der Leser durch sein Vorwissen vom Autor ungeahnte Sinnbezüge zu dem Text herstellen. Liest beispielsweise ein Schüler einen Text über Fremdenhass in Deutschland, so wird er ihm aufgrund seiner Vorerfahrungen individuelle Bedeutungen zuschreiben. So kann er den Ausführungen des Textes möglicherweise neue Beispiele zuordnen oder Bezüge zu Politikfeldern herstellen, die vom Autor beim Schreiben nicht intendiert waren. Dadurch werde nicht nur der Horizont des Rezipienten beim Lesen durch die im Text enthaltenen Informationen erweitert, sondern auch der Horizont des Textes. Demnach sei der Prozess des Verstehens als „ein Vermittlungsgeschehen zwischen Text und Leser" zu begreifen, „das beide Horizonte verändert" (Heidegger, zit. n. ebd.). Dies wird in der Literatur als hermeneutischer Zirkel bezeichnet. Jeßing und Köhnen (ebd., S. 201) halten jedoch das Bild einer hermeneutischen Spirale für angemessener. Durch das Zuschreiben von neuer Bedeutung gelange der Text auf eine höhere Ebene, auf der wiederum neue Interpretationen des Lesers ansetzen können. Dies lässt sich am Beispiel der Erst- und Zweitlektüre eines Textes plausibel machen: Nach dem ersten Lesen eines Textes hat der Leser ein bestimmtes Verständnis vom Inhalt des Textes aufgebaut und dieses mit neuen Informationen verknüpft. Beim zweiten Lesen kann er jedoch auf diese Zuschreibung von Bedeutung zurückgreifen, das heißt, der Verstehensprozess findet auf einer höheren Ebene statt. Insofern sei das Bild einer hermeneutischen Spirale besser als das des hermeneutischen Zirkels.

Das hermeneutische Modell von Heidegger und Gadamer „erschöpft sich [… demnach] nicht im Aufdecken des gemeinten Sinns" (ebd., S. 200), auf das das divinatorische Verstehen im Modell von Schleiermacher abzielt. Der Text wird beim Verstehensprozess durch die Verschmelzung der Horizonte von Text und Rezipient von den Absichten des Autors gelöst. Heidegger fügt jedoch hinzu, dass sich der Leser über seinen eigenen Horizont bewusst sein müsse, um letztendlich seine „Verstehensklischees […] hinterfragen" (ebd., S. 199) zu können.

Dieser Überblick über grundlegende hermeneutische Gedankengänge stellt die Basis für die hermeneutische Quelleninterpretation dar. Dieses Texterschließungsverfahren dient dazu, einen Text in seinen Beziehungen zur Realität einzuordnen. Dabei reflektiert der Leser seine Wahrnehmung der Realität und vergleicht diese mit den Informationen, die ihm im Text angeboten werden (vgl. Weißeno, 1997, S. 438). In Kapitel 5.2.3 folgt eine intensive Erläuterung der Textinterpretation. Außerdem wird die konkrete Vorgehensweise bei dem Textinterpretationsverfahren des hermeneutischen Dreischritts erläutert. Dabei werden Teilkompetenzbereiche des Lesens herausgestellt, die bei diesem Verfahren benötigt werden. Der hermeneutische Dreischritt sei, so Eichner (2007, S. 13) eine der zentralen Methoden des sozialwissenschaftlichen Unterrichts.

Im folgenden Kapitel werden mit dem kulturwissenschaftlichen und dem Literacy-Konzept jedoch zunächst zwei Lesekompetenzmodelle vorgestellt. Im Rahmen der Beschreibung des Literacy-Konzeptes wird das der PISA-Studie zugrunde liegende theoretische Modell des Textverstehens erläutert. Den darin unterschiedenen Teilleistungen des Lesens, den sogenannten Skalen, liegen die oben dargestellten kognitionspsychologischen Annahmen zur Textverarbeitung zugrunde (vgl. Hurrelmann, 2002a, S. 8).

3. Lesekompetenz-Konzepte

In diesem Kapitel werden zwei Lesekompetenzmodelle vorgestellt: Das Konzept der Reading-Literacy sowie ein kulturwissenschaftlich orientiertes Konzept. Das Literacy-Konzept wird zunächst allgemein und dann konkret am Beispiel des theoretischen Konstrukts der PISA-Studie erläutert. Dabei wird auf die Bereiche Textverstehen und Lernen aus Texten eingegangen (Kapitel 3.1). Im Anschluss daran wird in Kapitel 3.2 das kulturwissenschaftliche Konzept erläutert. Darin liegt der Schwerpunkt nicht wie bei PISA auf den kognitiven Prozessen des Lesens, sondern auf motivational-emotionalen und kommunikativen Dimensionen. Konkretisiert wird das kulturwissenschaftliche Konzept hier durch die Lesesozialisationsforschung. Es wird ersichtlich werden, dass die Leseleistungen von 15-jährigen Schülern an deutschen Schulen unzureichend sind, die Schule selbst aber nur begrenzten Einfluss auf die Lesekompetenz hat. Außerdem wird deutlich, dass die Schule ihre begrenzten Möglichkeiten systematisch ungenutzt lässt (vgl. Brüsemeister, 2008, S. 111).

Bezogen auf die Fragestellung der vorliegenden Studie verfolgt dieses Kapitel letztendlich das Ziel, auf Ansatzpunkte einer erfolgreichen schulische Leseförderung hinzuweisen. Sowohl aus der PISA-Studie als auch aus der Lesesozialisationsforschung werden dazu Probleme und Perspektiven aufgezeigt. Diese werden im darauffolgenden Kapitel 4 zu einer Idee einer erfolgreichen Leseförderung in der Schule zusammengeführt.

3.1 Literacy-Konzeption von Lesekompetenz

Das Literacy-Konzept stammt aus dem angelsächsischen Raum, hat jedoch durch seine Verwendung in internationalen Vergleichsstudien Eingang in die deutsche Forschung gefunden. Eine einheitliche Übersetzung des Begriffes gibt es nicht, die Verwendung schwankt zwischen bereichsspezifischen Kompetenzen auf der einen und Basiskompetenzen im Sinne einer allgemeinen Grundbildung auf der anderen Seite (vgl. Richter, 2006, S. 56). Die OECD definiert Literacy als „Basiskompetenzen, […] die in modernen Gesellschaften für eine befriedigende Lebensführung in persönlicher und wirtschaftlicher Hinsicht sowie für eine aktive Teilnahme am gesellschaftlichen Leben notwendig sind" (OECD, nach Artelt u.a. 2001, S. 78). Das bedeutet, dass eine Entscheidung darüber nötig ist, welche Kompetenzbereiche als Voraussetzung für eine solche Lebensführung gelten. Daher handelt es sich bei Literacy-Konzepten immer um normative Konstruktionen. In der PISA-Studie werden beispielsweise Lesefähigkeit („Reading Literacy"), mathematische Grundbildung („Mathematical Literacy"), naturwissenschaftliche Grundbildung („Scientific Literacy") sowie fächerübergreifende Kompetenzen als universale Basisqualifikationen für eine befriedigende Lebensführung erachtet (vgl. Hurrelmann, 2002a, S. 7).

Im Folgenden wird die Reading Literacy genauer betrachtet. In der Literatur herrscht breite Übereinstimmung darüber, dass Lesefähigkeit zu den Basiskompetenzen zu zählen ist. Artelt u.a. (2001, S. 78f) weisen darauf hin, dass Reading Literacy nicht zutreffend mit Literalität übersetzt werden könne. Da man unter Literalität lediglich eine „elementare Alphabetisierung" verstehe, gehe der Begriff nicht weit genug. Zu umfassend sei hingegen eine Übersetzung als „sprachlich-literarische Grundbildung". Diese decke beispielsweise auch Bereiche der literarischen Bildung ab, die Reading Literacy nicht umfasse.

In der PISA-Studie, der das Literacy-Konzept zugrunde liegt, wird Reading Literacy mit Lesekompetenz übersetzt. Lesekompetenz wird hier als „der auf Verstehen, zielgerichtete Informationsentnahme und Reflektieren und Bewerten ausgerichtete Umgang mit lebenspraktischem Textmaterial" (Artelt u.a., 2004, S. 141) mit dem Ziel, „eigene Potenziale zu entwickeln, das Wissen auszuweiten und vollständig an der Gesellschaft teilzuhaben" (Frauen u.a., 2007, S. 23) definiert. Im folgenden Kapitel wird das Lesekompetenz-Konzept der PISA-Studie vorgestellt. Dabei wird zunächst auf den international einheitlichen Testteil eingegangen, in dem Leseverstehen getestet wird (Kapitel 3.1.1). Im Anschluss daran wird der in Deutschland durchgeführte nationale Zusatztest betrachtet, in dem das Lernen aus Texten untersucht wird (Kapitel 3.1.2). Es wird ersichtlich werden, dass durch die Kombination der beiden Tests ein angemessenes Bild von Lesekompetenz im Sinne des Literacy-Konzeptes entworfen wird.

3.1.1 Der internationale PISA-Lesetest – Leseverstehen

In der oben angeführten Definition von Lesekompetenz sind zwei für die Konzeption des Lesetests der PISA-Studie zentrale Aspekte enthalten: Die Aufgabenseite und die Leserperspektive. Auf der Seite der Testaufgaben soll, entsprechend der für das Literacy-Konzept charakteristischen Funktionalität, Lesefähigkeit in unterschiedlichen lebenspraktischen Situationen geprüft werden. Die Aufgabenseite wird im folgenden Kapitel 3.1.1.1 erläutert. Die Leserperspektive beschreibt die Aufgaben, die der Leser für das Textverständnis bewältigen muss. Diese sogenannten Skalen werden in Kapitel 3.1.1.2 hergeleitet und beschrieben. Sie stellen die theoretische Struktur von Lesekompetenz dar, die PISA zugrunde liegt.

3.1.1.1 Die Aufgabenseite: Prinzipien der Aufgabenkonstruktion

Die Konstruktion der Aufgaben erfolgte bei PISA unter zwei Leitprinzipien: Einerseits sollten die ausgewählten Texte möglichst lebenspraktisch sein. Dementsprechend sind fast alle der in der Studie verwendeten Texte authentisch (vgl. ebd., S. 142). Andererseits sollten sie eine möglichst große Vielfalt an Leseanlässen abdecken. Unterschiedliche Leseaktivitäten werden definiert durch die Merkmale *Texttyp* und *Lesesituation*. Durch die Beschreibung der unterschiedlichen Ausprägungen beiden Merkmale sowie der von PISA verwendeten *Antwortformate* werden der Aufbau des Tests und die abgedeckten Inhaltsbereiche deutlich werden.[11]

Jugendliche müssen im Alltag mit einer Vielzahl von unterschiedlichen Textarten umgehen (vgl. Artelt u.a., 2001, S. 80). Daher gehen im Sinne des Literacy-Konzeptes verschiedene *Texttypen* in die Studie ein. Grundsätzlich kann man zwischen kontinuierlichen und diskontinuierlichen Texten unterscheiden. Kontinuierliche Texte zeichnen sich dadurch aus, dass sie in der Regel aus fortlaufend geschriebenen Sätzen bestehen. Diskontinuierliche Texte enthalten hingegen Informationen, die in nicht fortlaufender Form und unter Verwendung mehrerer Codierungsformen dargestellt werden. Diese Codierungsformen können textliche, bildliche sowie repräsentativ[12] oder metaphorisch[13] symbolhafte Darstellungen sein (vgl. Bielski/Herzig/Lischeid, o.J., S. 7f). Es geht bei dieser Unterscheidung also

---

[11] Ein schematischer Überblick über die Aufgabenseite ist in Anhang 1.1 zu finden.

[12] Repräsentative Symbole versuchen, eine beabsichtigte Aussage ohne schriftsprachliche Zusätze bildlich auszudrücken (bspw. eine durchgestrichene Zigarette auf einen Rauchen-verboten-Schild) (vgl.Bielski/Herzig/Lischeid, o.J., S. 8) (vgl. Beispiel in Anhang 2).

[13] Metaphorische Symbole gehen im Vergleich zu repräsentativen Symbolen weit über den Inhalt des Bildes hinaus. Der Rezipient muss den Transfer von rein bildlicher auf die inhaltliche Sinnebene selbst vornehmen (vgl.Bielski/Herzig/Lischeid, o.J., S. 8). (vgl. Beispiel in Anhang 3).

nicht um inhaltliche Aspekte des Textes, sondern zunächst einmal nur um die Struktur des Dargebotenen. 62% der Aufgaben des PISA-Tests beziehen sich auf kontinuierliche Texte. Darunter fallen hauptsächlich die Textsorten Darlegung (22%), Argumentation (13%) und Erzählung (12%), in geringerem Ausmaß auch Beschreibungen und Anweisungen. Die übrigen 38% der Aufgaben beziehen sich auf diskontinuierliche Texte, vor allem auf Diagramme/Graphen und Tabellen (je 11%), zum Teil auch auf Formulare, schematische Zeichnungen, Karten und Anzeigen (vgl. Artelt u.a., 2001, S. 81). Der PISA-Studie liegt durch die Berücksichtigung diskontinuierlicher Texte der erweiterte Lesekompetenz-Begriff zugrunde.

Als zweites Merkmal zur Differenzierung von Leseaktivitäten unterscheidet PISA zwischen verschiedenen *Lesesituationen*. Eine Situation wird durch den Zweck, den das Lesen in ihr erfüllt, definiert. Dieser kann öffentlicher oder privater Art sein, er kann Bildungs- oder Qualifikationsziele verfolgen. Um den privaten Lesebereich abzudecken beinhaltet die Studie bspw. Auszüge aus fiktionalen Erzählungen. Öffentliche Zwecke werden durch Leseaufgaben abgebildet, die sich bspw. auf amtliche Dokumente beziehen. Lesesituationen der beruflichen Weiterbildung werden durch Lehrbuchauszüge simuliert, Texte aus Sachbüchern repräsentieren, der Studie folgend, allgemeine Bildungsziele (vgl. ebd.).

Die Aufgabenseite ist neben den unterschiedlichen zugrunde liegenden Textarten durch Antwortformate gekennzeichnet. Antwortformate bestimmen die Form, in der der Befragte die Antwort geben muss. In der Studie sind sowohl Multiple-Choice- als auch offene Antwortformate enthalten. Letzteres Format ist bei der PISA-Studie mit 45% der Fragen im Vergleich zu anderen Studien relativ hoch (vgl. ebd.). Offene Fragen fordern vom Antwortenden nicht nur das Verstehen eines Textes, sondern er muss seine Antwort auch in Worte fassen können. Problem an diesem

Format ist die Tatsache, dass nicht die reine Verstehensleistung, sondern auch die schriftliche Ausdrucksfähigkeit erfasst wird. Einer Person, die eine herausragende Lesekompetenz im Sinne von Textverstehen aufweist, die sich aber nur mangelhaft ausdrücken kann, wird durch offene Fragen eine schlechte Leseleistung bescheinigt. Bei Multiple-Choice-Fragen[14] stellt sich dieses Problem nicht. Allerdings wird auch dort der Verstehensprozess nicht direkt abgebildet. Der Antwortende generiert nicht selbst Bedeutung, sondern er „beurteilt in einem Wahrscheinlichkeitskalkül vorgegebene Bedeutungszuschreibungen […, was] mit Textverstehen […] nicht deckungsgleich" ist (Spinner, 2004, S. 134).

Man kann sich mit dem Fragedesign der PISA-Studie zwar dem Textverstehen der Schüler nähern, es jedoch nicht ausschließlich erfassen. Zur Beurteilung der Antworten stellt PISA Auswertungsrichtlinien bereit. Während diese bei MC-Fragen einfach sind, sind sie bzgl. der frei zu formulierenden Antworten „umfangreich und enthalten neben zahlreichen Beispielen eine präzise Beschreibung der Kriterien zur Beurteilung" der Richtigkeit oder Teilrichtigkeit (Artelt u.a., 2001, S. 81). Die differenzierten und weit gefächerten Auswertungsrichtlinien sind nötig, um trotz der Schwierigkeit der Vergleichbarkeit von Antworten auf offene Fragen eine hohe Reliabilität der Auswertung zu gewährleisten.

Neben der Aufgabenseite hat die Leserperspektive zentrale Bedeutung für das Lesekompetenzkonstrukt der PISA-Studie. Im Mittelpunkt steht hierbei die Frage, was ein Leser für Leistungen erbringen muss, um einen Text zu verstehen. Diese theoretische Struktur der Lesekompetenz wird im folgenden Kapitel vorgestellt.

---

[14] Multiple-Choice-Fragen werden im Folgenden als „MC-Fragen" abgekürzt.

3.1.1.2 Die Leserperspektive: Theoretische Struktur der Lesekompetenz

Im internationalen Teil des PISA-Testes zur Lesekompetenz wird das Leseverstehen geprüft. Der Studie liegt ein theoretisches Modell von Lesekompetenz zugrunde, das zwischen unterschiedlichen Teilleistungen beim Lesen unterscheidet. Es basiert auf kognitionslinguistischen Annahmen zur Textverarbeitung (vgl. Hurrelmann, 2002a, S. 8). Diese als Skalen bezeichneten Teilleistungen werden im Folgenden hergeleitet und definiert.[15]

Grundlegend unterschieden wird zwischen Verstehensleistungen, bei denen der Leser primär textinterne Informationen nutzen muss, gegenüber von Leistungen, bei denen er externes Wissen hinzuzieht. Für textimmanente Leistungen sind die im Text verfügbaren Informationen eine für das Verstehen ausreichende Grundlage (vgl. ebd.). Bei wissensbasierten Leistungen muss der Leser hingegen „eine situationsadäquate Interpretation unter Rückgriff auf nicht im Text enthaltenes Vorwissen" (Artelt u.a., 2001, S. 82) entwickeln. In der PISA-Studie sind textimmanente Verstehensleistungen durch 70% der Aufgaben deutlich stärker repräsentiert als wissensbasierte. Diese beiden grundlegend unterschiedenen Leistungen werden nochmals hinsichtlich ihrer Komplexität bzw. ihren formalen Anforderungen unterschieden.

Das textimmanente Verstehen wird in zwei Leistungsbereiche differenziert. Auf der einen Seite muss der Leser den Text als Ganzes betrachten. Dies stellt zugleich die erste Skala des PISA-Lesekompetenzkonzeptes dar: Die *Entwicklung eines allgemeinen Textverständnisses*. Auf der anderen Seite

---

[15] In Anhang 1.2 ist eine schematische Darstellung der theoretischen Struktur der Lesekompetenz zu finden.

muss der Leser sich auf bestimmte Teile des Textes konzentrieren. Dabei wird wiederum unterschieden, ob er voneinander unabhängige Teilinformationen aus den Textteilen entnehmen oder Beziehungen zwischen den Textteilen verstehen muss. Ersteres wird als zweite Skala, als *Informationen ermitteln* definiert, Letzteres bildet unter der Bezeichnung *eine textbezogene Interpretation entwickeln* die dritte Skala. Die vierte und fünfte Skala des Leseverstehens beziehen sich auf wissensbasierte Teilleistungen: Im Rahmen der vierten Skala *reflektiert der Leser über den Inhalt* eines Textes, bei der fünften wird eine *Reflexion über Struktur bzw. Form* des Textes gefordert (vgl. ebd., S. 82f). Im diesem theoretischen Modell wird davon ausgegangen, dass es sich bei den Skalen um trennbare, nicht aufeinander aufbauende Teilkompetenzen handelt. Damit setze die erfolgreiche Bewältigung einer Teilkompetenz nicht die Bewältigung einer anderen voraus (vgl. Artelt/Schlagmüller, 2004, S. 173).

Allerdings kann sich die Annahme, dass es sich um fünf getrennte Teilkompetenzen handelt, empirisch nicht behaupten: Die Korrelation zwischen den Skalen ist teilweise zu hoch, um von separaten Fähigkeiten sprechen zu können. Für die Auswertung der Ergebnisse wurden die fünf Skalen daher zu drei Subskalen, teils auch Berichtskalen genannt, zusammengefasst. Skala I und II bilden die Subskala I: *Informationen ermitteln*. Dabei muss der Leser eine oder mehrere Detailinformationen im Text lokalisieren (vgl. ebd., S. 174f). In der PISA-Studie muss beispielsweise der Wasserstand des Tschad-Sees aus einem Diagramm abgelesen oder aus einem Leserbrief die Kosten für die Entfernung eines Graffitis entnommen werden (vgl. Schnotz/Dutke, 2004, S. 68 bzw. 70). Die zweite Subskala, das *textbezogene Interpretieren*, entspricht der Skala III. Der Leser muss hierbei die Bedeutung eines Textes konstruieren und Schlussfolgerungen aus Textteilen ziehen (vgl. Artelt/Schlagmüller, 2004, S. 175). So muss beispielsweise die Position des Autors eines Leserbriefes aus dessen angeführten Argumenten bestimmt werden (vgl. Schnotz/Dutke, 2004, S. 71). Die dritte Subskala, *Reflektieren und Bewerten*, setzt sich zusammen aus den beiden wissensbasierten Skalen IV und V. Hier muss der Leser den Text mit eigenem Wissen und Erfahrungen verknüpfen. Er muss beispielsweise die Validität zentraler Aussagen des Textes überprüfen oder Textmerkmale kritisch bewerten. Textmerkmale beziehen sich einerseits auf stilistische Mittel wie Ironie, andererseits aber auch auf den logischen Aufbau des Textes (vgl. Artelt/Schlagmüller, 2004, S. 175). In der PISA-Studie müssen die Testpersonen beispielsweise die Qualität des oben angesprochenen Leserbriefs bewerten (vgl. Schnotz/Dutke, 2004, S. 71).

Zur Überprüfung, ob es sich bei den Subskalen tatsächlich um separate Teilleistungen des Lesens handelt, ziehen Artelt und Schlagmüller (2004, S. 174) folgendes Kriterium heran: Die Korrelation zwischen den Subskalen dürfe nicht höher sein als die Korrelation zwischen den PISA-Basis-Kompetenzbereichen mathematische Grundbildung, naturwissenschaftliche Grundbildung und Lesekompetenz, um sie als klar voneinander abgrenzbare Fähigkeitsbereiche zu erachten. Zwischen der mathematischen Grundbildung und der Lesekompetenz (Gesamtscore[16]) herrscht ein Zusammenhang von r = .69, zwischen der naturwissenschaftlichen Grundbildung und der Lesekompetenz (Gesamtscore) beträgt er r = .71 (vgl. ebd., S. 171).[17] Zwischen den Subskalen *Informationen ermitteln* und *textbezogenes Interpretieren* besteht mit r = .74 ein relativ enger Zusammenhang.

---

[16] In der Gesamtskala werden die Schülerleistungen aller Aufgaben eines Kompetenzbereichs (hier der Lesekompetenz) zusammengefasst. Das Ergebnis wird als Gesamtscore bezeichnet (vgl. Artelt u.a., 2001, S. 84).

[17] Diese relativ hohe Korrelation lässt sich dadurch erklären, dass sowohl der mathematische als auch der naturwissenschaftliche Testteil viele Textpassagen aufweisen und im Lesetest neben kontinuierlichen auch diskontinuierliche Texte verwendet wurden (vgl. Artelt/Schlagmüller, 2004, S. 171).

Deutlich geringer ist die Korrelation zwischen den Subskalen *Informationen ermitteln* und *Reflektieren und Bewerten*. Mit r = .64 ist sie sogar niedriger als der Zusammenhang zwischen der Lesekompetenz (Gesamtscore) und der mathematischen Grundbildung. Daher kommen Artelt und Schlagmüller (2004, S. 174) zu dem Schluss, dass zumindest die Subskalen I und III als separate Teilkompetenzen betrachtet werden können.

Implizit werde, so Artelt u.a. (2004, S. 151), oftmals davon ausgegangen, „dass die Anforderungen des Ermittelns von Informationen generell leichter sind als die Anforderungen des Interpretierens sowie Reflektierens und Bewertens". Dies ist in der PISA-Studie jedoch nicht der Fall. Anders ausgedrückt: Die oben definierten Skalen und Subskalen dürfen nicht als Kompetenzstufen verstanden werden. Für jede der Teilleistungen beinhaltet der PISA-Test sowohl leichte als auch schwere Aufgaben. So kann das Entwickeln des Textverständnisses bei einem hoch komplexen Textes schwieriger sein als das Reflektieren über die Form eines einfachen Textes. Bei der Konstruktion der PISA-Aufgaben wurde nicht a priori eine Klassifikation nach schwierigkeitsbestimmenden Anforderungsmerkmalen vorgenommen. Anstelle dessen wurden Merkmale bestimmt, von denen angenommen wurde, dass sie systematisch mit der Aufgabenschwierigkeit zusammenhängen. Sowohl durch eine Einschätzung des Erstautors der jeweiligen Aufgabe als auch durch eine Befragung von Lehrplanexperten wurden Aufgaben Schwierigkeitsniveaus zugeteilt (vgl. ebd., S. 152). Im Folgenden werden die drei berücksichtigten schwierigkeitsgenerierenden Merkmale vorgestellt.[18]

---

[18] In Anhang 1.3 ist eine schematische Darstellung der im Folgenden erläuterten schwierigkeitsgenerierenden Merkmale, der Kompetenzstufen und deren Verbindung mit den Skalen und Subskalen zu finden.

Als erstes Merkmal wurde der *Entscheidungsspielraum* berücksichtigt, den die Schüler bei der Beantwortung der Aufgabe haben. Niedrigere Anforderungen herrschen bei Aufgaben, bei denen ein geringer Spielraum herrscht: Hier muss der Befragte eine eindeutig definierte Information aus dem Text entnehmen und wörtlich wiedergeben. Ist der Entscheidungsspielraum jedoch hoch, stellt dies ein hohes Anforderungsniveau dar: Der Schüler muss selbst Antwortmöglichkeiten generieren und diese schlüssig begründen (vgl. ebd., S. 154).

Zweitens ist der *Integrationsgrad* der Aufgabe für deren Schwierigkeit verantwortlich. Entscheidend ist hier die Frage, welche Form der Kohärenzbildung nötig ist. Bei Aufgaben mit niedrigem Anspruchsniveau muss ein Text lediglich auf lokale Kohärenz hin geprüft werden, bei hohen Anforderungen müssen Verbindungen zwischen weiter auseinander liegenden Textbestandteilen hergestellt werden (globale Kohärenz) (vgl. Kapitel 2.2). Sowohl Qualität als auch Menge der zu bildenden Interferenzen ist entscheidend. Dies treffe, so Artelt u.a. (2004, S. 155) in besonderem Maße auf die höheren Anforderungsbereiche zu. Denn Voraussetzung für die Bildung von Interferenzen und damit für die Bewältigung der Aufgabe sei „die Bildung eines kohärenten referenziellen mentalen Modells" (vgl. Kapitel 1). Artelt u.a. (2004, S. 154) erachten den Integrationsgrad als theoretisch zentrales Merkmal.

Als drittes schwierigkeitsgenerierendes Merkmal wird die *Präzision* bewertet. Dabei wird untersucht, wie sorgfältig alle in Text und Item enthaltenen relevanten Informationen in die Antwort miteinbezogen werden müssen. Das Anspruchsniveau wird insbesondere dadurch bestimmt, an welchen Stellen die nötigen Informationen im Text stehen. Sind sie an „wenig prominenten Stellen" zu finden, impliziert dies die Notwendigkeit einer hohen Präzision.

Diese Merkmale sind nicht absolut trennscharf voneinander, beispielsweise korrelieren Integrationsgrad und Entscheidungsspielraum mit r = .60. Insgesamt kann durch die Kombination dieser Kriterien jedoch eine zuverlässige Vorhersage über die Schwierigkeit einer Aufgabe getroffen werden (vgl. ebd., S. 156).

Die Generierung von Kompetenzstufen basiert bei der PISA-Studie auf dem Prinzip des Proficiency Scaling. Dieses Verfahren wird an dieser Stelle nicht detailliert erläutert.[19] Grob zusammengefasst wird bei diesem Verfahren zunächst ein Mittelwert aller Teilnehmer gebildet. Diesem wird ein abstrakter Wert zugeordnet, bei der PISA-Studie ist dies die 500. Inhaltlich hat dieser Wert keine Bedeutung. Um die von den einzelnen Teilnehmern erzielten Werte oder die Mittelwerte von Teilnehmergruppen (bspw. Schüler in Deutschland) inhaltlich interpretieren zu können, wird die abstrakte Skala in Stufen unterteilt. Grundlage dieser Unterteilung ist die Lösungshäufigkeit, d.h. die Häufigkeit, mit der die einzelnen Aufgaben von den Schülern erfolgreich bewältigt werden konnten. Die Aufgaben, die sich auf den dadurch entstandenen Stufen befinden, werden aufgrund der für sie typischen Merkmale genauer beschrieben. Diese Kompetenzstufen wurden bei der Auswertung der Studie sowohl für die drei Sub- als auch für die Gesamtskala entwickelt. Es handle sich bei der Stufenabfolge daher, so Artelt u.a. (2001, S. 88), um ein empirisch ermitteltes Modell, das „daher nicht als didaktisches Modell missverstanden werden" dürfe. Bei PISA werden durch dieses Verfahren fünf Kompetenzstufen gebildet. Eine Kompetenzstufe wird dadurch definiert, dass „Aufgaben eines bestimmten Schwierigkeitsgrades erst ab einer bestimmten Stufe bewältigt werden

---

[19] Für eine umfangreiche Beschreibung des Prozesses der Kompetenzstufenbildung durch Proficiency Scaling sei auf Artelt u.a., 2001, S. 88-97, insb. S. 90 verwiesen.

können – nicht aber auf einer niedrigeren" (Brecker-Mrotzek/Böttcher, 2006, S. 60).

Im Rahmen der PISA-Studie wurden sowohl für die drei Subskalen als auch für die Gesamtskala typische Anforderungen für die einzelnen Kompetenzstufen beschrieben. Personen, die die unterste Stufe erreichen, verfügen über elementare Lesefähigkeiten, können ein oberflächliches Verständnis einfacher Texte herstellen. Auf der zweiten Kompetenzstufe können die Schüler einfache Verknüpfungen zwischen einzelnen Textteilen erzeugen, den Hauptgedanken des Textes identifizieren und diesen auf die eigene Erfahrungswelt beziehen. Schüler, die die dritte Kompetenzstufe erreichen, können Leseaufgaben mittleren Anspruchsniveaus bewältigen. Sie sind in der Lage, verschiedene Textteile zu integrieren, auch wenn die Bedeutung der relevanten Informationen nicht auf den ersten Blick ersichtlich ist. Sie können spezifisches Wissen gezielt zur Beurteilung des Gelesenen nutzen. Auf der vierten Kompetenzstufe sind sie fähig, ein detailliertes Verständnis komplexer, relativ langer und unbekannter Texte aufzubauen und können dabei Hürden, wie beispielsweise Mehrdeutigkeiten, bewältigen. Leser, die die fünfte Stufe erreichen, werden als Expertenleser bezeichnet. Sie können komplexe, lange und unvertraute Texte für verschiedene Zwecke flexibel nutzen und detailliert verstehen. Sie können Vorwissen einbeziehen und den Text kritisch bewerten (vgl. Artelt u.a., 2004, S. 144f).[20]

In diesem Kapitel wurde das theoretische Konstrukt des internationalen Teils des PISA-Tests erläutert. Dabei wurde zunächst die durch verschiedene Texttypen, Lesesituationen und Antwortformate gekennzeichnete

---

[20] Für eine genauere Beschreibung der einzelnen Kompetenzstufen der Gesamtskala sei an dieser Stelle auf Artelt u.a., 2004, S. 144f verwiesen. Eine detailliertere Erläuterung der Anforderungen der Kompetenzstufen bzgl. der drei Subskalen ist bei Artelt u.a., 2001, S. 89 zu finden.

Aufgabenseite beschrieben. Danach wurde betrachtet, welche Teilleistungen ein Leser zum Verstehen eines Textes erbringen muss. Mit der Ausdifferenzierung der drei Sub- bzw. fünf Skalen wurde dabei die theoretische Struktur der Lesekompetenz dargestellt. Im Rahmen dessen wurden auch die von PISA berücksichtigten schwierigkeitsgenerierenden Aufgabenmerkmale Entscheidungsspielraum, Integrationsgrad und Präzision erläutert. In knapper Form wurde auch auf das Proficiency Scaling als Verfahren zur Konstruktion von Kompetenzstufen eingegangen. Damit konnte ein detailliertes Bild des Leseverstehen-Tests gezeichnet werden. Wie bereits in Kapitel 2 erläutert wurde, umfasst Lesekompetenz jedoch nicht nur Verstehensleistungen, sondern auch die Fähigkeit, eine sinnvolle Textrepräsentation im Gedächtnis aufzubauen. Dieses Lernen aus Texten wird im nationalen Zusatztest der PISA-Studie untersucht. Im folgenden Kapitel wird dieser zweite Teil der Studie genauer betrachtet.

3.1.2 Der nationale Zusatztest – Lernen aus Texten

In Deutschland wurde die PISA-Studie um einen nationalen Zusatztest ergänzt. Durch diesen sollten zwei Ziele erreicht werden. Erstens wollte man einige Aspekte der Lesekompetenz differenzierter betrachten, als dies durch den internationalen Testteil möglich ist. Dieser Aspekt wird in diesem Kapitel zuerst behandelt. Zweitens wollte man mit dem Zusatztest ein Instrument schaffen, mit dem genauere Aussagen über Interventionsansätze zur Förderung von Lesekompetenz möglich werden (vgl. Artelt u.a. 2001, S. 84). Dies wird im zweiten Teil dieses Kapitels erläutert. Der Zusatztest ist, ebenso wie der internationale Teil der Studie, eng an die durch den Leser zu erbringenden kognitiven Leistungen geknüpft (vgl. Hurrelmann, 2002a, S. 9).

Mit dem nationalen Zusatztest sollen genauere Angaben zu den Behaltens- und Erinnerungsleistungen des Lesers gemacht werden. Dabei geht es „primär darum, eine Textrepräsentation im Gedächtnis aufzubauen, sodass die Inhalte auch zu einem späteren Zeitpunkt noch abrufbar sind" (Artelt u.a., 2001, S. 84). Dies bezeichnet man als Lernen aus Texten.[21] Um dies testen zu können, wurde die Testkonstruktion im Vergleich zum internationalen Teil verändert: Während die Schüler bei der Bearbeitung des internationalen Tests auf die Texte während der Beantwortung der Fragen zurückgreifen konnten, ist dies beim Zusatztest nicht möglich. Hier werden die Verstehensphase, in der der Text gelesen und verstanden werden muss, und die Antwortphase getrennt. Während der Beantwortung ist demnach kein Rückgriff auf den Text mehr möglich, die Schüler müssen die Fragen auf der Basis ihrer internen Repräsentation des Textes beantworten.

In dieses Lernen-aus-Texten-Konstrukt fließen zwei Teilleistungen ein. Erstens die Verstehensleistung beim Lesen. Diese muss bei den Aufgaben des Zusatztestes höher sein als bei denen des internationalen Teils. Denn wenn bei der Beantwortung der Aufgaben die Textgrundlage verfügbar ist, kann der Leser seine interne Textrepräsentation an den getesteten Stellen durch einen Rückgriff auf den Text nachbessern. Im Zusatztest hingegen muss bereits beim Lesen ein zur Beantwortung ausreichendes mentales Modell aufgebaut werden – die Verstehensleistung ist entsprechend höher. Zudem wurde getestet, in welcher der kintsch'schen Repräsentationsformen (vgl. Kapitel 2) der Leser den Text speichert. Als zweite Teilleistung ist die Gedächtnisleistung, also die Fähigkeit, das konstruierte mentale Modell beständig zu speichern, entscheidend (vgl. ebd., S. 84f). Inwieweit es sich bei dieser Erinnerungsleistung an Texte um eine ab-

---

[21] Zu den kognitionspsychologischen Grundlagen, vgl. Kapitel 2.2.

grenzbare Teilleistung von den im internationalen Teil gemessenen Verstehensleistungen handelt, wird bei der abschließenden Betrachtung des PISA-Test-Konstrukts in Kapitel 3.1.3 untersucht.

Für die in der vorliegenden Studie verfolgte Absicht der Identifikation von Leseförderungsansatzpunkts ist das zweite Ziel des nationalen Zusatztests insbesondere relevant: Es sollen genauere Aussagen über Interventionsmöglichkeiten zur Förderung von Lesekompetenz gemacht werden (vgl. ebd., S. 84). Dazu wurden „einige Variablen einbezogen, die als wichtige Bedingungen des Textverstehens gelten" (ebd., S. 86). In der Literatur werden übereinstimmend vier bedeutsame Einflussfaktoren genannt. Die erste Variable sind, quasi als intellektuelle Voraussetzung für alle Basiskompetenzen des Literacy-Konzeptes, die *kognitiven Grundfähigkeiten* des Lesers. Zweitens wird, als lesespezifische Grundkompetenz, die *Dekodierfähigkeit* von schriftsprachlichen Zeichen genannt. Als dritte Variable wird das *Lern- bzw. Lesestrategiewissen* berücksichtigt, die vierte Variable beinhaltet das *Leseinteresse* (vgl. Hurrelmann, 2002a, S. 9). In der Literatur wird teilweise auch das *domänenspezifische Vorwissen* als fünfte Variable mit einbezogen. Ein Ergebnis der Auswertung der PISA-Studie sei an dieser Stelle bereits vorweggenommen: Diese vier Prädikatoren haben zusammengenommen eine Varianzaufklärung von 64% für die Leseleistung (ebd.), d.h. durch „die Analyse dieser Variablen können zumindest ansatzweise Aussagen" über die Lesefähigkeit gemacht werden (Artelt u.a., 2001, S. 86). Man erwartet also, dass sich Schüler, die sich hinsichtlich dieser vier Variablen unterscheiden, auch signifikant in ihrer Lesekompetenz unterscheiden. Im Umkehrschluss stellen die Variablen, die prinzipiell durch schulische Maßnahmen beeinflussbar sind, auch Ansatzpunkte zur Leseförderung dar (vgl. ebd.). Daher werden diese Prädikatoren im Rahmen der Fördermöglichkeiten der Schule in Kapitel 4 genauer erläutert.

Für konkrete Ansatzpunkte zur Förderung wird dabei die Varianzaufklärung der einzelnen Variablen von Bedeutung sein.

Mit dem nationalen Zusatztest wird das Lesekompetenz-Konstrukt, das der PISA-Studie zugrunde liegt, um eine dritte Perspektive ergänzt. Neben der Aufgabenseite und der Perspektive, was für Leistungen der Leser beim Lesen erbringen muss, wird eine Fähigkeitsebene hinzugefügt. Die Frage dabei ist, über welche konkreten Teilkompetenzen ein Leser verfügen muss, um einen Text zu verstehen. Im folgenden Kapitel wird untersucht, ob durch die PISA-Studie damit ein homogenes Konstrukt von Lesekompetenz abgebildet wird.

3.1.3 Abschließender Vergleich – Wird ein homogenes Kompetenzkonstrukt abgebildet?

In Kapitel 2 wurde das Modell vorgesellt, mit dem Kintsch auf kognitionspsychologischer Ebene Lesen beschreibt. Darin wird das Lesen als Prozess des Verstehens begriffen, mit dem der Leser das Ziel verfolgt, ein mentales Modell des Textes aufzubauen. An dem Verstehensprozess sind, neben einer domänenspezifischen Wissenskomponente, die zwei Fähigkeitsbereiche Dekodieren und sprachliche Fähigkeiten beteiligt (vgl. Kintsch, 1998, nach Nold/Willenberg, 2007, S. 26).

Im internationalen Teil der PISA-Studie soll der Verstehensprozess erfasst werden. Dessen genauere Ausdifferenzierung in einzelne Fähigkeitsbereiche durch den nationalen Zusatztest zeigt, dass eben die bei Kintsch genannten Aspekte Dekodieren und sprachliche Grundfähigkeiten auch in der PISA-Studie berücksichtigt werden. Zusätzlich werden bei PISA die Prädikatoren strategische Kompetenz sowie motivationale Faktoren bedacht. Letzterer Bereich sprengt das in der PISA-Studie vertretene Literacy-Konzept: Zwar wird Lesemotivation als ein die Lesekompetenz beeinflussender Faktor benannt, inhaltliche Bedeutung für das der Studie zugrunde liegende theoretische Konstrukt hat sie allerdings nicht (vgl. Kapitel 3.1.2.2). Dieser Gedanke wird im Rahmen der kulturwissenschaftlichen Konzeption von Lesekompetenz in Kapitel 3.2 aufgegriffen. Das kintsch'sche Ziel des Lesens, der Aufbau einer mentalen Repräsentation des Textes, wird im nationalen Zusatztest getestet. Auf kognitionspsychologischer Grundlage könnte man demnach festhalten, dass ein ganzheitliches Lesekompetenzkonstrukt in der PISA-Studie vertreten wird. Der zugrunde liegende erweiterte Lesekompetenzbegriff bekräftigt diese Behauptung.

Kritisch lässt sich dagegen einwenden, dass die mentalen Repräsentationen durch die Itemkonstruktion des Zusatztests nicht trennscharf von der Verstehensleistung getestet werden (vgl. Kapitel 3.1.2). Daher stellt sich die Frage, ob auch wirklich qualitativ andere Anforderungen im nationalen und internationalen Test an den Leser gestellt werden. Dieses Problem untersuchen Artelt u.a. (2001, S. 86f). Da die „messfehlerbereinigte Korrelation zwischen der im internationalen und der im nationalen Test gemessenen Lesekompetenz […] mit .81 etwa in der Höhe der Zusammenhänge" zwischen den drei Basiskompetenzen Leseleistung, mathematische Grundbildung und naturwissenschaftliche Grundbildung liege, kommen sie jedoch zu dem Schluss, dass im nationalen und im internationalen Test zwei „unterschiedliche Facetten von Lesekompetenz" erfasst werden (ebd., S. 87):[22] Der internationale Test erfasst die Verstehensleistung, der nationale Zusatztest das Speichern dessen in einer inneren Textrepräsentation. Daher lässt sich schlussfolgern, dass in der PISA-Studie ein ganzheit-

---

[22] Detailliertere Werte zu den Korrelationen zwischen den Basiskompetenzen sind bei Artelt/Schlagmüller, 2004, S. 171 zu finden.

liches Konzept von Lesekompetenz vertreten wird. Deutlich wird dabei die kognitionstheoretische Orientierung der Studie (vgl. Hurrelmann, 2002a, S. 10).

Im folgenden Kapitel werden in knapper Form die Durchführung und die Ergebnisse der PISA-Studie vorgestellt. Dabei wird lediglich auf zentrale Ergebnisse eingegangen, da detaillierte Analysen vielerorts in der Literatur zu finden sind.[23] Es wird deutlich werden, dass viele Schüler der Sekundarstufe I in Deutschland über eine „schlechte bis sehr schlechte Lesekompetenz" verfügen (Brüsemeister, 2008, S. 107).

3.1.4 Ergebnisse von PISA

Die PISA-Studie ist keine einmalige Untersuchung, sondern sie wird in einem dreijährigen Turnus durchgeführt. Im Zentrum der Erhebung steht jeweils wechselnd ein anderer Basiskompetenzbereich: 2000 war dies die Lesekompetenz, 2003 die Mathematik und 2006 die Naturwissenschaften (vgl. OECD, 2007, S. 11). Neben dem jeweiligen Schwerpunktbereich werden aber immer auch die beiden anderen Basiskompetenzen untersucht, wodurch die einzelnen Länder ihre „Fortschritte bei den Lernerträgen im Licht der Ergebnisse anderer Länder verfolgen können" (ebd., S. 10). Außerdem werden soziometrische Daten zu Schul- und Schülermerkmalen erhoben, um soziale Erklärungsfaktoren für Leistungsunterschiede ausmachen zu können. Getestet werden 15-jährige Schüler aus allen 30 OECD-Staaten sowie aus 27 weiteren Ländern (vgl. ebd., S. 11). Die PISA-Erhebungen werden in den Jahren 2009, 2012 und 2015 bei gleich bleiben-

---

[23] Vgl. bspw. OECD, 2007 (insbesondere Auswertung der Ergebnisse im internationalen Vergleich); Baumert, 2008 (Analyse der Ergebnisse hinsichtlich des deutschen Bildungssystems); Artelt u.a., 2001, S. 101-140 (detaillierte Befunde bzgl. der Lesekompetenz).

der Schwerpunktabfolge wiederholt. Im Folgenden werden die zentralen Ergebnisse bzgl. der Lesekompetenz in Deutschland knapp vorgestellt.

Die Veröffentlichung der Ergebnisse der PISA-Studie von 2000 wurde in Deutschland als „PISA-Schock" (Wolf, 2006, S. 235) aufgenommen: 15-jährige Schüler aus Deutschland erreichten mit durchschnittlich 484 Punkten in der Vergleichsstudie nur unterdurchschnittliche Ergebnisse. Fast jeder vierte Schüler konnte die Kompetenzstufe I nicht überschreiten (OECD, o.J., S. 3), d.h. er hatte „nach […] neun Jahren Schulzeit erhebliche Probleme, Informationen aus einem einfachen Text zu entnehmen" (Frauen u.a., 2007, S. 7). Knapp die Hälfte dieser schwachen Gruppe kann wiederum als „Risikogruppe" (ebd., S. 17) bezeichnet werden: etwa 10% der gesamten Schüler erreichen die unterste Kompetenzstufe nicht. Im gesamten PISA-Ranking gab es lediglich zwei Länder, in denen Schüler „derart geringe Werte in der Lesekompetenz erzielen wie in Deutschland" (ebd., S. 8). Auch wenn es große Überlappungen zwischen den Schulformen gab, d.h. gute Hauptschüler schnitten teils besser ab als schlechte Gymnasiasten, zeigten Hauptschüler besonders schwache Leistungen. Mit einem Durchschnitt von 395 Punkten (vgl. ebd., S. 16) liegen sie im untersten Bereich der internationalen Vergleichstabelle (vgl. OECD, o.J., S.3). Dabei bereitete insbesondere die Subskala „Reflektieren und Bewerten" Probleme (vgl. Frauen, 2007, S. 16).

Doch nicht nur im unteren, sondern auch im oberen Leistungsbereich zeigten sich Defizite bei deutschen Schülern. Einerseits ist die Gruppe derjenigen, die Aufgaben des Kompetenzniveaus V bewältigen können, im Vergleich zu den führenden Teilnehmerstaaten gering: Während 17% der kanadischen, 18% der finnischen und australischen sowie 19% der neuseeländischen Schüler das höchste Kompetenzniveau erreichen, waren es in Deutschland mit 9% nur etwa halb so viele (OECD, o.J., S. 3). Auch die leistungsstärksten Schüler der deutschen „Spitzengruppe" (Frauen, 2007, S. 16), d.h. die besten 10% der Schüler, erreichten nicht das Niveau der Schüler aus den führenden Ländern. Dennoch ist die Streuung der Leistungen in Deutschland im Vergleich zu den anderen Teilnehmerstaaten mit am höchsten. Das heißt, dass die Unterschiede zwischen den leistungsstarken und den leistungsschwachen Schülern besonders hoch sind.

Besonders schlecht schnitten Schüler mit Migrationshintergrund ab, auch wenn sie in Deutschland geboren sind und eine deutsche Schullaufbahn absolviert hatten (ebd., S. 16f). Die Bedeutung des sozioökonomischen Hintergrundes lässt sich mit dem PISA zugrunde liegenden Lesekompetenzkonstrukt nicht erklären. Gleiches gilt für das schlechtere Abschneiden von Jungen im Vergleich zu Mädchen. Erklärungsansätze für die sozial bedingten Unterschiede werden jedoch von dem im Kapitel 3.2 vorgestellten kulturwissenschaftlichen Ansatz, genauer von der dort angesiedelten Lesesozialisationsforschung angeboten.[24]

Nachdem diese Ergebnisse des ersten Durchlaufs der PISA-Studie im Dezember 2001 veröffentlicht worden waren, setzte in Deutschland eine lebhafte bildungspolitische Debatte ein. Konsens war, dass höhere Bildungsinvestitionen sowie vorschulische Bildungsangebote, die Ganztagsschule sowie integrationsförderliche Maßnahmen vonnöten seien (bspw. zusätzlicher Deutschunterricht). Die Kultusministerkonferenz[25] veröffentlicht seither regelmäßige Bildungsberichte und fertigt nationale Bildungsstandards an (vgl. Wolf, 2006, S. 236).[26] Im internationalen Durchschnitt blie-

---

[24] Einen Erklärungsversuch für die geschlechterbedingten Unterschiede liefert Brüsemeister (2008, S. 113f).

[25] Die Kultusministerkonferenz wird im Folgenden als KMK bezeichnet.

[26] Eine umfassendere Beschreibung der Maßnahmen, die als Reaktion auf die PISA-2000-Ergebnisse angedacht und / oder beschlossen wurde ist bei Wolf, 2006, S. 236ff zu finden.

ben die Leistungen der einzelnen Länder in den Folgestudien von 2003 und 2006 jedoch konstant. Erhebliche Leseleistungssteigerungen gab es lediglich in Korea, Polen, Chile, Liechtenstein, Indonesien, Lettland und Hongkong/China, nicht jedoch in Deutschland (vgl. OECD, 2007, S. 54). In der Gesamtskala verbesserte sich Deutschland nur leicht von 484 Punkten (2000) auf 495 Punkte (2006). Nach wie vor weisen deutsche Schüler im Alter von 15 Jahren also „ernsthafte Defizite bei der Lesekompetenz" (Frauen u.a., 2007, S. 7) auf. Dies mag erstaunen, da Schüler in Deutschlands Primarstufen entsprechend den Ergebnissen der IGLU-Studie[27] deutlich besser abschneiden (vgl. Spinner, 2004, S. 126). Im folgenden Kapitel werden Erklärungsansätze aufgezeigt, warum sich die Leseleistung zwischen der Primar- und der Sekundarstufe verschlechtert.

3.1.5 Das Absacken der Leseleistung nach der Grundschule

Bei der IGLU-Studie wurde 2003 das Leseverständnis von Schülern am Ende der Grundschulzeit getestet. Die schlechten Ergebnisse der PISA-Studie finden sich hier nicht wieder: Zwar ist die Gruppe der leistungsstärksten Schüler in Deutschland nicht so groß wie in den in der IGLU-Studie führenden Ländern und es zeigt sich bereits in der Grundschule ein Kompetenzrückstand bei Schülern mit Migrations- oder unvorteilhaftem sozioökonomischem Hintergrund. Der Anteil leistungsschwacher Schüler ist insgesamt allerdings „erfreulicherweise gering" (Frauen u.a., 2007, S. 14). Auch die leseleistungsbezogen mittleren 50% der Grundschüler schneiden im internationalen Vergleich besser ab als ihr Pendant in der Sekundarstufe. Zudem sind die Unterschiede zwischen den leistungsstarken und -schwachen Schülern in der Primarstufe deutlich geringer ausge-

---

[27] Internationale Grundschul-Lese-Untersuchung, im Folgenden IGLU.

prägt. Mit diesen Ergebnissen befindet sich Deutschland im Rahmen der IGLU-Studie zwar nicht unter den führenden Ländern, ist aber im oberen Mittelfeld anzusiedeln (vgl. Frauen u.a., 2007, S. 15). Diese Differenzen in den bei PISA und IGLU gemessenen Leseleistungen könnten jedoch im Design der beiden Studien begründet sind. Möglicherweise stimmen die hinter PISA und IGLU stehenden Lesekompetenzmodelle nicht überein, messen damit nicht exakt dasselbe und sind damit nicht vergleichbar. Auf diese Frage wird im Rahmen dieser Unersuchung nicht eingegangen.[28] Stattdessen wird von Spinners (2004, S. 126) Feststellung ausgegangen, dass deutsche Schüler „erst in der Sekundarstufe unter den internationalen Durchschnitt […] rutschen". Im Folgenden werden mögliche Ursachen für diesen Leistungsabfall vorgestellt.

In den letzten Jahren gab es einen intensiven, wissenschaftsgestützten Innovationsschub an Grundschulen, durch den beispielsweise die Bedeutung der Buchausstattung einer Schule hervorgehoben wurde. Spinner stellt fest, dass es inzwischen weitgehender Standard sei, „dass in jeder Grundschulklasse eine kleine Bücherei vorhanden ist" (ebd.). Im Rahmen von offenen Unterrichtsformen könnten diese sinnvoll zu einer selbständigen, eigenverantwortlichen Lektüre anregen. Die Bedeutung von Lesen kann dadurch von den Schülern erkannt werden. In der Sekundarstufe sind Schulbibliotheken jedoch „rar" (ebd.). Nötig wäre die flächendeckende Einrichtung von Bibliotheken an Schulen, die neben der Ausleihe auch eine angenehme Leseatmosphäre anbieten. In den bei PISA führenden skandinavischen Ländern ist ein „vorbildlich ausgebautes Bibliothekssystem" (ebd.) installiert.

---

[28] Zur Vergleichbarkeit der PISA- und DESI-Studien sei auf Voss/Schwippert/Carstensen, 2004, S. 301-310 verwiesen.

Als weitere Ursache für die bessere Leseförderung in der Grundschule kann das Selbstverständnis der Lehrer gesehen werden. Während Grundschullehrer den Aufbau von Lesekompetenz als „zentrale Aufgabe" (ebd.) ansehen, und diese von den Eltern auch eingefordert werde, setzten Lehrer in der Sekundarstufe Lesefähigkeit in der Regel voraus. Bei Lehrern der Sekundarstufe sei, so Spinner (2004, S. 127), aufgrund dieses Selbstverständnisses ein Bewusstsein für das Problem, dass die Lesekompetenz nach der Grundschule bei vielen Schülern noch nicht gefestigt sei, nicht vorhanden. Damit werden vorhandene Leseschwächen nicht ausgeglichen, sondern verschärft. Dieses mangelnde Problembewusstsein der Sekundarstufenlehrer kann durch die Lehrerausbildung institutionell begründet werden. Die Kompetenz, grundlegende Lesefähigkeit zu vermitteln, sollen angehende Lehrer im Rahmen der so genannten Erstlesedidaktik lernen. Diese Erstlesedidaktik sei an den Universitäten, so Spinner, „in der Hand der Grundschuldidaktik" (ebd.) – in der Sekundarstufenlehrer-Ausbildung spiele sie eine geringe Rolle. Darin sei auch die mangelhafte Diagnosefähigkeit von Leseschwierigkeiten durch Sekundarstufenlehrer begründet. Die wenigsten Lehrer der Sekundarstufe wüssten im Gegensatz zu ihren Kollegen an den Grundschulen, „wie man aus Vorlesefehlern auf die verschiedenen Arten von Leseschwierigkeiten […] schließen kann". Voreilig werde beispielsweise, ohne ausreichende Diagnosekompetenz, oftmals „als Entschuldigung für missglückte Lernprozesse" (ebd.) bei schwachen Schülern auf Legasthenie geschlossen.

Eine weitere Ursache ist, dass der Sekundarstufe in öffentlichen Debatten vorgeworfen werde, sie „vermittle nicht mehr einen Kanon an Literatur" (ebd.). Gefordert werde damit die Vermittlung von Höhenkammliteratur im Sinne literarischer Bildung. Dies stehe der Forderung nach einer grundlegenden Lesekompetenzförderung in der Sekundarstufe gegenüber, denn es sei „ausgesprochen schwierig […], mit Kanontexten an elementaren Leseproblemen […] zu arbeiten" (ebd.). Vielmehr verschärft die Forderung nach hoch anspruchsvollen Texten die Streuung der Leseleistung, die entsprechend der PISA-Ergebnisse in Deutschland ohnehin problematisch hoch ist. Denn die Schüler mit guter Lesekompetenz werden von einem Umgang mit anspruchsvollen Höhenkammtexten profitieren, Schüler des unteren Leistungsbereichs könnten dabei leicht auf der Strecke bleiben.

Zusammenfassend lässt sich festhalten, dass der wissenschaftsbegleitete Innovationsschub bzgl. der Leseförderung zwar die Grund-, nicht jedoch die Sekundarstufen erreicht hat. Dies manifestiert sich beispielsweise in der Büchereiausstattung und -gestaltung der Schulen. Weitere Gründe für das Absacken der Leseleistung nach der Grundschule sind auf das Lehrerselbstverständnis sowie deren Diagnosekompetenz zurückzuführen. Auch der Anspruch an den Deutschunterricht, in der Sekundarstufe Kanonliteratur zu lesen, wirkt sich für viele Schüler nicht lesefördernd aus.

Interessanterweise wurden in die oben skizzierten bildungspolitischen Debatte im Anschluss an den PISA-Schock verstärkt die Grundschule und die vorschulische Leseerziehung einbezogen (vgl. ebd., S. 126). PISA stellt aber Probleme bei 15-Jährigen fest, nicht bei Grundschülern. Die Primarstufe nimmt zwar eine wichtige Rolle bei der Lesekompetenzvermittlung ein, insbesondere bei der Vermittlung des Prädikators Decodierfähigkeit. Diese Aufgabe erfüllt sie, den Ergebnissen der IGLU-Studie zufolge, jedoch recht gut – zumindest besser als die Sekundarstufe, in der die Lesekompetenz stagniert. Daher muss auch die Lesekompetenzförderung in der Sekundarstufe ins Zentrum der Diskussion gerückt werden. Ansatzpunkte dazu werden in Kapitel 4 aufgezeigt. Zunächst wird im folgenden Kapitel jedoch ein zweites Lesekompetenzkonzept vorgestellt.

3.2 Kulturwissenschaftliches Konzept von Lesekompetenz

„Um es […] klar zu sagen: Ich halte PISA 2000 für einen Meilenstein der international vergleichenden Schulleistungsforschung und in diesem Rahmen auch der Leseforschung." (Hurrelmann, 2002a, S. 12) Dem zugrunde liegenden Literacy-Konzept mit seiner kognitionspsychologischen Grundlage schreibt Hurrelmann (2004, S. 40) grundlegend wichtige Bedeutung zu, insbesondere aufgrund der klaren Unterscheidung von Fähigkeitsdimensionen. Allerdings könne PISA, wie die Autoren der Studie selbst feststellen, „keine annähernd erschöpfende Auskunft" (OECD, zit. n. Hurrelmann, 2002a, S. 12) über die Lesekompetenz geben. Sie beschränke sich auf die Abbildung des kognitiven Leseprozesses. Im Rahmen eines DFG-Schwerpunktprogramms zum Thema „Lesesozialisation in der Mediengesellschaft" wurde unter Federführung von Hurrelmann und Groeben etwa zeitgleich zur ersten PISA-Durchführung ein alternatives Konzept zur Lesekompetenz entwickelt, das Aspekte berücksichtigt, die in der Literacy-Konzeption nicht abgedeckt werden (vgl. Hurrelmann, 2004, S. 40). Durch diese zusätzlichen Dimensionen werde, so Hurrelmann (2002a, S. 12), das Aufgabenprofil der schulischen Lesedidaktik angemessener abgebildet. Dieses kulturwissenschaftliche Konzept von Lesekompetenz wird im Folgenden vorgestellt. Dazu werden in Kapitel 3.2.1 die im Vergleich zum PISA-Konstrukt zusätzlichen Aspekte herausgestellt und Unterschiede zwischen den beiden Konzepten herausgearbeitet. Im Anschluss daran wird in Kapitel 3.2.2 auf einen konkreten Forschungsbereich eingegangen, dem das kulturwissenschaftliche Lesekompetenzkonstrukt zugrunde liegt: Auf die Lesesozialisationsforschung. Diese kann Informationen zu einer für das Thema dieser Studie interessanten Fragestellung liefern: Welchen Einfluss kann die Schule, im Verhältnis zu anderen Sozialisationsinstanzen, bei der Leseförderung ausüben?

3.2.1 Dimensionen des kulturwissenschaftlichen Konzepts und Unterschiede zum Literacy-Konstrukt der PISA-Studie

Wie auch im Literacy-Konzept wird bei dem kulturwissenschaftlichen Ansatz Lesekompetenz als Voraussetzung für soziale Handlungsfähigkeit gesehen. Während PISA Lesen als Kulturwerkzeug ansieht, ohne das eine „befriedigende Lebensführung sowie berufliche[r] und wirtschaftliche[r] Erfolg" (Baumert u.a., 2001, nach Hurrelmann, 2004, S. 41) nicht möglich sind, umfasst das kulturwissenschaftliche Konzept neben dieser instrumentellen und sozialen Handlungsfähigkeit auch personale Aspekte im Sinne von „sprachlich-ästhetischer Erfahrung" (Hurrelmann, 2004, S. 41). Damit ist das kulturwissenschaftliche Konzept nicht als Gegensatz zu dem Literacy-Konzept zu verstehen, die im PISA-Konstrukt berücksichtigten kognitiven Teildimensionen werden auch hier als wichtige Faktoren erachtet. Hurrelmann ergänzt allerdings drei Dimensionen, durch die ein im kulturwissenschaftlichen Sinne ganzheitlicheres Bild von Lesekompetenz gezeichnet werde könne.

Erstens wird die *Lesemotivation* berücksichtigt. Lesemotivation bedeutet, Texten mit einer „positiven Gratifikationserwartung" (Hurrelmann, 2002a, S. 13) zu begegnen. Das Lesen von Texten soll als etwas Bedeutungsvolles angesehen werden und als etwas, das auch im interpersonalen Zusammenhang sinnvoll ist. Das Lesen selbst sei bei positiver Lesemotivation, so Hurrelmann (ebd.), von „Zielstrebigkeit, Ausdauer und [... dem aufrechterhaltenen] Bedürfnis nach Verstehen" gekennzeichnet. Die Lesemotivation wird auch im Rahmen der PISA-Studie berücksichtigt, und zwar als ein Prädikator für Lesekompetenz im nationalen Zusatztest. Allerdings ist sie dort einzig deshalb wiederzufinden, weil Lesemotivation in der Leseforschung als wichtiger Einflussfaktor für das Textverstehen gilt (vgl. Artelt u.a., 2001, S. 86) – im theoretischen Lesekompetenzkonstrukt der PISA-Studie ist sie nicht vorhanden.

Zweitens wird eine *emotionale Dimension* ergänzt. Sie beschreibt die Kompetenz, „Texte bedürfnisbezogen auszuwählen" und mit dem Gelesenen eigene „Erfahrungen und Gefühlserlebnisse […] zu verbinden" (Hurrelmann, 2002a, S. 13f). Dies umfasst sowohl die Identifikation mit der Handlung, das ästhetische Wahrnehmen und Genießen als auch die Freude am kognitiven Durchdringen eines Textes (vgl. ebd.). Letztendlich geht es um die Fähigkeit zur emotionalen Teilhabe beim Lesen (vgl. Hurrelmann, 2004, S. 40). Als dritte zusätzliche Dimension wird die *Fähigkeit zur Anschlusskommunikation* einbezogen. Es geht dabei um „die Fähigkeit, sich über Gelesenes mit anderen auszutauschen […, um] Toleranz bei unterschiedlichen Interpretationen […, und um das] Aushandeln von Bedeutungskonsensen" (Hurrelmann, 2002a, S. 14).

Wie auch das Literacy-Konzept der PISA-Studie berücksichtigt das kulturwissenschaftliche Lesekompetenz-Konstrukt den erweiterten Lesekompetenzbegriff. Allerdings sind die Schwerpunkte der verwendeten Genres verschieden: Während PISA bevorzugt Informations- und Sachtexte einbezieht, stehen hier ästhetisch-fiktionale Texte im Vordergrund. Damit steht die von PISA beschriebene private Lesesituation im Zentrum (vgl. Kapitel 3.1.2). Hurrelmann (2004, S. 40) begründet dies damit, dass literarischen Texten „die größte Bedeutung beim Aufbau von Lesemotivation und eine zentrale Funktion im Prozess der Persönlichkeitsbildung" zukomme.

Auch wenn sich Hurrelmann von diesem Modell vielfältigere Ergebnisse als die des „engere[n], kognitionsorientierte[n] Kompetenzkonstrukt[es] von PISA" (ebd.) erhofft, hat es derzeit noch den Nachteil, dass es bislang nur theoretisch angedacht wurde. Eine empirische Überprüfung steht noch aus (Brüsemeister, 2008, S. 107). Dennoch bietet das kulturwissenschaftliche Lesekompetenzkonstrukt weiterführende Perspektiven für die Leseforschung an. So kann insbesondere die Lesesozialisationsforschung, der das kulturwissenschaftliche Lesekompetenzmodell zugrunde liegt, Erklärungen für Befunde liefern, die in der PISA-Studie zwar festgestellt, nicht aber begründet werden können. So erkennt PISA beispielsweise zwar die schlechte Leseleistung von Schülern aufgrund des Merkmals Migrationshintergrund, Ursachen kann sie jedoch nicht benennen. Aber gerade die Ursachenanalyse ist für eine Verbesserung des unbefriedigenden Status quo wichtig. Daher wird im folgenden Kapitel die Lesesozialisation als ein Forschungsbereich, in dem das kulturwissenschaftliche Konzept von Lesekompetenz vertreten wird, vorgestellt.

3.2.2 Die Lesesozialisationsforschung

„Sozialisation bezeichnet den Prozess der Entwicklung der Persönlichkeit in produktiver Auseinandersetzung mit […] der inneren […] und] der äußeren Realität" (Hurrelmann, 2006, S. 7). Mit der inneren Realität werden physische und psychische Grundmerkmale einer Person beschrieben, die äußere Realität umfasst die soziale und physikalische Umwelt. Im Sinne der produktiven Auseinandersetzung geht diese Definition davon aus, dass der Mensch einerseits durch die Umwelt stark beeinflusst wird, diese aber zugleich auch selbst mitgestaltet (vgl. ebd.). Die zentrale Frage ist hierbei, wie aus einem Menschen ein sozial handlungsfähiges Subjekt wird. Zu dieser sozialen Handlungsfähigkeit gehört, und darin sind sich das Literacy- und das kulturwissenschaftliche Konzept einig, die Lesekompetenz. Die Gesellschaft macht Individuen im Prozess der Sozialisation Mitgliedschaftsangebote, die Techniken, Normen und Werte enthalten, „die für die gesellschaftliche und kulturelle Teilhabe als unerlässlich erachtet werden" (Hurrelmann, 2004, S. 39). Folglich befasst sich die Lesesozialisation mit den Angeboten, die die Gesellschaft dem Einzelnen im Rahmen des Lesen-Lernens macht.

Die Lesesozialisation kann unter verschiedenen Perspektiven untersucht werden. Nimmt man eine *diachron-historische* Sichtweise ein, betrachtet man die gesamtgesellschaftlichen Bedingungen für die Lesesozialisation in ihrem historischen Wandel (vgl. Groeben u.a., 1999, S. 2). Diese Perspektive wird an dieser Stelle nicht vertieft, denn sie dient eher germanistischen, mediävistischen oder medienwissenschaftlichen Analysen als der dieser Untersuchung zugrunde liegenden Fragestellung.

Eine zweite Perspektive ist die *synchron-systematische*. Darin „wird die von einem Individuum bis zu einem bestimmten Zeitpunkt erfahrene Lesesozialisation" (Brüsemeister, 2008, S. 108) betrachtet. Für den Einzelnen wird ein sogenanntes Mediennutzungsprofil erstellt, in dem seine durch die Sozialisation bedingten Medien-, Genre-, Nutzungs- und Funktionspräferenzen erfasst werden. Das Erfassen von bevorzugten Lesesituationen geht über die Konzeption der PISA-Lesesituationen (vgl. Kapitel 3.1.2) hinaus: Neben verschiedensten Arten kontinuierlicher und diskontinuierlicher Texte werden hier auch neue Medien miteinbezogen.

Im Rahmen dieser Studie soll lediglich auf ein paar wenige Ergebnisse der synchron-systematischen Lesesozialisationsforschung hingewiesen werden: Einer der stabilsten, wenn auch oberflächlichsten Befunde ist, dass sich „Bücherlesen und die Nutzung anderer Medien [...] nicht gegenseitig" ausschließen (Groeben u.a., 1999, S. 9). Vielmehr deute häufiges Lesen auf eine ausgeprägte Nutzung elektronischer Medien hin. Dies gelte allerdings nicht auch im Umkehrschluss. Daher wird nicht grundsätzlich zwischen Nutzern von Print- und elektronischen Medien unterschieden, sondern zwischen Lesern mit aktivem Informations- und Lesern mit dominantem Unterhaltungsinteresse. Für Letztere werde das Lesen aufgrund der stetig steigenden Zahl an multimedialen Unterhaltungsangeboten immer nebensächlicher. Darunter leidet die Lesekompetenz, was aufgrund deren Bedeutung als grundlegendes Kulturwerkzeug folgenreich sei: Der Einzelne verliere damit seine Fähigkeit zur Teilhabe in fast allen gesellschaftlichen Handlungsbereichen (vgl. Vorderer/Klimmt, 2002, S. 216).

Groeben u.a. (1999, S. 10) weisen darauf hin, dass das Vorhandensein eines leseeinschränkenden Mediennutzungsinteresses wesentlich über die Zugehörigkeit zu einer sozialen Schicht vermittelt wird. So finde sich die ausschließliche Unterhaltungsorientierung hauptsächlich in der Unterschicht, das leseförderliche aktive Informationsinteresse dagegen meist in der Mittel- und Oberschicht. Daher seien „die Eingangsbedingungen bzgl. der Lesekompetenz, mit der Individuen in bestimmte Gruppen […] oder Institutionen (beispielsweise Schule) eintreten, stark schichtabhängig" (Brüsemeister, 2008, S. 109). In Bezug auf die schulische Leseförderung bedeutet das, dass Kinder mit benachteiligendem sozioökonomischem Hintergrund mit ganz anderen Eingangsvoraussetzungen in ihre Schullaufbahn starten und im außerschulischen Umfeld weniger lesemotivationale Unterstützung erfahren als Kinder aus bildungsnahen Schichten.

Neben der diachron-historischen und der synchron-systematischen Perspektive kann die Lesesozialisationsforschung eine *diachron-individuelle* Sichtweise einnehmen. Dabei wird die Entwicklung der Lesekompetenz im Verlaufe der gesamten Lebensspanne eines Individuums betrachtet. Berücksichtigt werden „Vermittlungsinstanzen der Lesekompetenz oder zumindest Faktoren, von denen man vermutet, dass sie Einfluss auf die Entwicklung" der individuellen Lesefertigkeit haben (ebd., S. 108). Hurrelmann (2004, S. 45) nennt mit Kindergarten, Schule, Altersgruppe und

Medien vier zentrale Einflussfaktoren. In einem früheren Text fasste sie den Einflussbereich noch wesentlich weiter: „die gesamte soziokommunikative Umwelt [ist] als Sozialisationsagentur wirksam" (Hurrelmann, 2002b, S. 138). Die Vermittlung der Lesekompetenz erfolge jedoch nicht ungefiltert zwischen der Gesellschaft und dem Individuum, sondern sie erfolge immer über bestimmte Instanzen. Im Folgenden werden drei wichtige Vermittlungsinstanzen genauer betrachtet: Die Familie, die Schule und die Peergroup. Diese Analyse orientiert sich insbesondere am Lesesozialisationskonzept von Hurrelmann (2004), das durch Zusätze von Groeben, Oerter, Brüsemeister sowie Abraham und Kepser ergänzt wird.

3.2.2.1 Lesesozialisationsinstanz Familie

Die ersten Einflüsse auf den Erwerb von Lesekompetenz erfährt eine Person nicht erst mit dem Eintritt in die Schule, sondern „wichtige vorbereitende Prozesse [finden bereits] in den ersten sechs Lebensjahren" statt (Oerter, 1999, S. 27). In dieser frühen Phase wirkt vor allem die Familie auf den Einzelnen ein. Die Familie ist, so Hurrelmann (2004, S. 45), allerdings „nicht nur die früheste, sondern auch die wirksamste Instanz der Lesesozialisation – vermutlich weil ihre kulturellen Einflüsse permanent, unbeabsichtigt und unspezialisiert sind." In der Literatur scheint Konsens darüber zu herrschen, dass die Spracherfahrungen, die Kinder im familiären Umfeld machen, für die spätere Ausprägung der Lesekompetenz von großer Bedeutung sind. Diese Spracherfahrungen werden entscheidend geprägt durch den in der Familie gepflegten Sprachcode, die Qualität des Vorlesens sowie das allgemeine familiäre Leseklima. Im Folgenden werden diese drei Dimensionen genauer erläutert. Dabei wird deren Schichtabhängigkeit deutlich werden.

Bernstein stellte Differenzen in den Sprachstilen von Angehörigen verschiedener sozialer Gruppen fest. Die Merkmalsstruktur der in einer sozialen Schicht üblicherweise gesprochenen Sprache bezeichnete er als *Sprachcode*. Grundlegend unterscheidet er zwischen dem restringierten Code bildungsferner und dem elaborierten Code bildungsnaher Schichten (vgl. Köhler, 2003, S. 369). Der restringierte Sprachcode zeichnet sich beispielsweise durch die Verwendung einfacher, kurzer Sätze und einen kleinen Wortschatz aus, während der elaborierte Code beispielsweise durch Explizitheit, eine höhere Orientierung an Sprachnormen wie grammatikalischer Korrektheit oder den Gebrauch von Fremdwörtern gekennzeichnet ist.

Die daran anknüpfende sogenannte Defizithypothese bringt schulische Leistungen in Verbindung mit dem Sprachcode eines Schülers: Da in der Schule der elaborierte Code gepflegt werde, seien Schüler unterer sozialer Schichten dort aufgrund ihrer Sprache benachteiligt (vgl. Brüsemeister, 2008, S. 101f). Diese Defizithypothese lässt sich auch auf den Schriftspracherwerb übertragen: Elaborierte mündliche Sprache befindet sich, so Hurrelmann (2004, S. 46), „auf dem Niveau ‚konzeptioneller Schriftlichkeit‘". Kindern, in deren Familie in einem elaborierten Code gesprochen werde, falle daher „mit großer Wahrscheinlichkeit der Schriftspracherwerb viel leichter, als dem Kind einer Familie, in der sehr umgangssprachlich gesprochen wird" (Brüsemeister, 2008, S. 110). Daher haben Kinder aus bildungsnahen Familien aufgrund ihres Sprachcodes eine bessere Ausgangslage zum Lesekompetenzerwerb als Kinder aus einer bildungsfernen Schicht.

Hurrelmann (2004, S. 46) bezeichnet die zweite Dimension, das *Vorlesen*, als „Schlüsselfrage zur Bestimmung der Qualität der familiären Lesesozialisation." Dementsprechend sei das Vorlesen inzwischen zu einer „lesepädagogisch[en ...] Standardanforderung an Eltern geworden." Von entscheidender Bedeutung sei dabei jedoch, dass das Vorlesen nicht als „Pflichtübung" angesehen werden dürfe, sondern dass die Eltern sich „auf die Kommunikationsbedürfnisse ihrer Kinder flexibel [einstellen...,] Fragen, Kommentare und Reflexionen der Kinder" aufnehmen und anregen (ebd., S. 47). Diese Fähigkeiten eines guten Vorlesers seien jedoch bildungsspezifisch sehr unterschiedlich ausgeprägt. Damit werden auch durch die Dimension Vorlesen die Voraussetzungen für den Lesekompetenzerwerb von der Schichtzugehörigkeit beeinflusst.

Als dritte Dimension wird das in einer Familie vorherrschende allgemeine *Leseklima* bezeichnet. Dieses wird von fünf verschiedenen Faktoren beeinflusst, die im Folgenden, angelehnt an die Systematisierung von Hurrelmann, dargestellt werden. Erstens erachtet Hurrelmann (2004, S. 48) die *soziale Einbindung des Lesens in das Familienleben* als wichtigen Faktor für das familiäre Leseklima. Dabei seien beispielsweise der gemeinsame Besuch von Buchhandlungen und Bibliotheken, das gemeinsame Lesen von Kinderbüchern und das Vorhandensein gemeinsamer familiärer Buchinteressen von Bedeutung. Zweitens sind *familiäre Gespräche über Literatur* zwischen Eltern und Kind wichtig. Es geht dabei jedoch nicht nur um den Austausch von Leseerfahrungen, sondern auch um den spielerischen Umgang mit Wortspielen, Kinderreimen und selbst erfundenen Geschichten. Drittens beeinflusst das *Leseverhalten der Eltern* durch deren Vorbildfunktion die Qualität der familiären Lesesozialisation. So haben intensiv lesende Eltern oft selbst Kinder, die viel lesen (vgl. Abraham/Kepser, 2005, S. 68). Dagegen sei es kontraproduktiv, „wenn Eltern das Lesen zwar appellativ unterstützen, selbst aber nicht das entsprechende Verhalten zeigen. Kinder dieser Eltern lesen [...] besonders ungern" (Brüsemeister, 2008, S. 111). Als vierter Faktor ist die allgemeine *Qualität der Interaktion und Kom-*

munikation innerhalb der Familie von Bedeutung. Fünftens wird das familiäre Leseklima durch die *Nutzungsdauer und -häufigkeit von Fernsehen und anderen elektronischen Medien* durch die Eltern beeinflusst (vgl. Hurrelmann, 2004, S. 48). Auf den Zusammenhang zwischen der Lesekompetenz und der Mediennutzung wurde bereits bei der Betrachtung der synchronsystematischen Perspektive in Kapitel 3.2.2 hingewiesen. Vor allem medienabstinente oder ausschließlich Nichtprint-Medien nutzende Eltern seien für ein positives familiäres Leseklima nicht förderlich (Groeben u.a., 1999, S. 9). Die Ausprägung dieser Faktoren ist allerdings stark abhängig vom jeweiligen Bildungshintergrund der Herkunftsfamilie: Kinder aus bildungsnahen Schichten wachsen häufiger in einem Klima auf, in dem die Lesekompetenzentwicklung positiv angeregt wird. Der wichtigste dieser fünf Faktoren ist die soziale Einbindung des Lesens in das Familienleben. Er hat signifikanten Einfluss auf die Lesefreude, -frequenz, -dauer und Leseerfahrungen eines Kindes. Das heißt, er entscheidet „in erheblichem Maße, ob ein Kind Lesemotivation entwickelt und regelmäßig liest" (Hurrelmann, 2004, S. 49). Allerdings ist dieser Faktor nicht nur der einflussreichste, sondern auch derjenige, der am meisten vom Bildungsniveau der Eltern abhängt.

Zusammenfassend lässt sich festhalten, dass die Lesesozialisationsinstanz Familie großen Einfluss auf die Lesekompetenzentwicklung von Kindern hat. Problematisch ist, dass sich die Schichtzugehörigkeit für Kinder aus bildungsfernem Herkunftsmilieu deutlich negativ auswirkt. Dies konnte mit dem Literacy-Konzept der PISA-Studie zwar festgestellt werden, die Lesesozialisationsforschung liefert jedoch auch Erklärungsansätze dafür. Ein Ansatz zur Bekämpfung dieses Problems wird in der Frühförderung gesehen: „Da viele Kinder […] aus Unterschichtfamilien Kindergärten und Vorschuleinrichtungen besuchen" sehen Abraham und Kepser (2005, S.

69) hier eine Chance, deren „künftige[s] Leseverhalten positiv zu beeinflussen."

3.2.2.2 Lesesozialisationsinstanz Schule

Eine zweite Instanz der Lesesozialisation ist die Schule. Deren Einflüsse unterscheiden sich grundlegend von denen der Familie: Während die familiären Einflüsse permanent, unbeabsichtigt und unspezialisiert sind, findet in der Schule eine „gegenstands- und zielgerichtete, methodisch geplante Vermittlung von Wissen, Fertigkeiten und kulturellen Orientierungen" (Hurrelmann, 2004, S. 50) statt. Die aktuelle Forschungslage konzentriere sich, so Groeben u.a., (1999, S. 6) vor allem auf die Grundschule; die Lesesozialisation in den Sekundarstufen I und II sei dagegen bisher nur unzureichend untersucht worden. In voranstehenden Kapitel wurde bereits darauf hingewiesen, dass Kinder aufgrund ihres familiären Hintergrundes mit sehr unterschiedlichen Voraussetzungen in ihre Schullaufbahn starten. Hurrelmann hält die Schule, insbesondere die Primarstufe, grundsätzlich für fähig, für benachteiligte Kinder im Bereich der Lesekompetenzentwicklung „Familienergänzungs- und –kompensationsaufgaben" zu übernehmen. Diese Kompensations-These wird durch drei empirische Studien untermauert.

In einer amerikanischen Langzeitstudie wurde die Leistungsentwicklung von Kindern unterschiedlicher sozialer Schichten im Verlauf ihrer Schulzeit untersucht. Ein Ergebnis war, dass sich die Leistungen der Schüler während der Schulzeit parallel entwickeln, „während sich die Leistungsschere erst in der schulfreien Sommerpause öffnet" (Baumert/Schümer, 2001, S. 352). Daraus folgern Baumert und Schümer, dass „Schule im Vergleich zum Lernen in sozialen Milieus geradezu eine disparitätsmindernde Rolle spielt" (ebd.). An deutschen Schulen untersuchten Baumert u.a. in einer Längsschnittstudie die Leistungsentwicklung von Schülern von der 7. bis zur 10. Klasse. Dabei haben „Merkmale der sozialen Herkunft nach Kontrolle des Vorwissens und der kognitiven Grundfähigkeiten praktisch keinen Einfluss auf die Leistungsentwicklung" – d.h. auch durch diese Studie wird die Kompensationsthese untermauert. Gleiches gilt für die *Leseklima-in-der-Familie*-Studie: Nach dieser lesen benachteiligte Kinder „in der Freizeit nahezu ebenso häufig und gern wie elterlich stark geförderte" Schüler, wenn sie nur eine intensive schulische Förderung erfahren. Eine gute schulische Leseförderung zeichnet sich nach dieser Studie insbesondere durch das Eingehen auf die Leseinteressen der Schüler, durch Gesprächsmöglichkeiten über zu Hause Gelesenes, durch die Bewertung der gelesenen Texte sowie durch die Förderung des selbständigen Ausleihens von Büchern in Bibliotheken aus (vgl. Hurrelmann, 2004, S. 50f). Ein zweites Ergebnis der Leseklima-Studie ist jedoch, dass „fast 80 Prozent der befragten Kinder meinten, ihre Lehrerin interessiere sich für ihre häusliche Lektüre im Grunde nicht" (ebd., S. 51). Unter Berufung auf die oben genannten Aspekte eines guten Leseunterrichts kann so keine Lesemotivation aufgebaut werden.

Durch eine *Erfurter Studie*, in der Klassen bezüglich ihres schulischen Leseverhaltens befragt wurden, wird dieser negative Befund bestärkt. Die Studie hat zwei zentrale Ergebnisse. Erstens wurde in 13 von 52 Klassen im Verlauf eines ganzen Schuljahres „kein einziges ‚ganzes' Buch gelesen" (ebd.). Falls aber doch gelesen wurde, gehörten die Texte mehrheitlich zu „der Literaturgattung, die die Kinder am wenigsten schätzen: der realistischen Erzählung mit sozial-moralischer Botschaft." Die Ergebnisse der *Erfurter*- und der *Leseklima-in-der-Familie*-Studie beziehen sich hauptsächlich auf die Primarstufe. Groeben u.a. (1999, S. 7) bestätigen diese Ergebnisse aber auch für die Sekundarstufen: Auch hier könne eine „große Differenz zwischen Schul- und im günstigsten Fall noch vorhandener Privatlektüre" festgestellt werden. Diese Differenz beziehe sich einerseits auf die Textauswahl, andererseits auf die Art und Weise des Lesens: „Die distanziert-analytische ‚Behandlung' von Texten und die bevorzugte Auswahl von Texten mit sozial-moralischer Botschaft" gehe an den Interessen der Schüler vorbei (Brüsemeister, 2008, S. 112). Hurrelmann (2004, S. 53) folgert, dass der alltägliche Literaturunterricht, in dem das Lesen angesiedelt ist, von den Schülern der Sekundarstufen „in seinen Gegenständen als uninteressant und erfahrungsfern, in seinen Methoden als analytisch überlastet und insgesamt als lesedemotivierend erlebt" werde. Dies sei für den „Leseknick" im Alter von 12 bis 13 Jahren mit verantwortlich: Hier stelle ein erheblicher Teil der Heranwachsenden die private Lektüre ein. Damit lässt sich der Befund der PISA-Studie erklären, dass 42 Prozent der 15-Jährigen bekennende Nichtleser sind.

Brüsemeister (2008, S. 112) leitet aus den negativen Befunden zur schulischen Lesesozialisation drei Faktoren einer erfolgreichen Leseförderung in der Schule ab: Erstens müsse sich der Unterricht am Leseinteresse der Schüler orientieren. Zweitens solle er Angebote von Gesprächsmöglichkeiten über die Lektüre machen, die sich drittens auch auf die Freizeitlektüre beziehen. Konzepte zur Leseförderung in der Schule aus kulturwissenschaftlicher Lesekompetenz-Perspektive werden in Kapitel 4 und 5.1 erläutert.

Es wurde ersichtlich, dass die Schule grundsätzlich durchaus lesekompetenzfördernd wirken kann. Insbesondere kann sie kompensatorische Aufgaben für Schüler erfüllen, die durch ihr Herkunftsmilieu in ihrer Lesefähigkeit benachteiligt sind. Allerdings gelingt die Umsetzung scheinbar nicht. Zwar sei die Schule nicht einzig verantwortlich für die schlechten

Leseleistungen deutscher Schüler, jedoch nutze sie ihr leseförderndes Potenzial nicht (vgl. Hurrelmann, 2004, S. 55). Die geringe Rolle der Instanz Schule bzgl. des Lesens der Schüler spiegelt sich in dem Befund wider, dass Lehrer nach der Grundschulzeit kaum noch Einfluss auf die außerschulische Lektüre ihrer Schüler haben (ebd., S. 56).

3.2.2.3 Lesesozialisationsinstanz Peergroup

Als dritte Instanz schreibt Hurrelmann der Peergroup eine wichtige Bedeutung für die Lesesozialisation zu. Hier werden „alters- und generationsspezifische kulturelle Orientierungen" entwickelt (ebd., S .55). Die folgenden Ausführungen beziehen sich primär auf den Einfluss der Peergroup bei Jugendlichen. Auf den der Altersgruppe bei Erwachsenen wird nicht explizit eingegangen. Es sei jedoch darauf hingewiesen, dass sich die zentralen Ergebnisse der Forschung über den Einfluss der Peergroup auf Jugendliche auch bei Erwachsenen wiederfinden (vgl. Groeben u.a., 1999, S. 8).

Die Forschungslage sei, so Hurrelmann (2004, S. 56) im Bereich der Lesesozialisation durch die Peergroup bei Jugendlichen nicht ausreichend: Zwar könne man bestimmte Genrepräferenzen ermitteln, inwieweit diese jedoch tatsächlich durch die Altersgruppe beeinflusst werden, wisse man nicht. Denn beispielsweise könne der Einfluss der Peergroup nur schwer vom Einfluss der Medien getrennt werden. Als sicher könne jedoch der Befund angesehen werden, dass Freunde mit zunehmendem Alter eine immer wichtigere Rolle dabei spielen, ob und was gelesen wird (vgl. ebd.).

Ob und in welcher Form die Peergroup förderlich auf die Lesekompetenz einwirkt, hängt von der Wertorientierung innerhalb der Gruppe ab. Hurrelmann unterscheidet grundsätzlich zwischen zwei Polen von Werthaltungen bzgl. des Lesens. In Gruppen mit „aggressiver Orientierung" herrsche eine Antischulhaltung vor, die sich unter anderem in schlechten Leseleistungen ihrer Mitglieder niederschlage. Bei Personen, die sich hingegen einer Gruppe mit „freizeitbezogener Freude am Lesen" zugehörig fühlen, lasse sich „durchweg ein positives Verhältnis zu den Leseleistungen" (ebd.) nachweisen. Dies unterstreicht das große bildungsfördernde Potenzial der Peergroup. Der individuelle Bildungsweg beeinflusst stark die Zugehörigkeit zu einer Gruppe, denn die Institution Schule bietet eine Plattform für die Bildung von sozialen Kontakten. Die Orientierung der Gruppe bzgl. des Lesens wiederum hängt stark mit dem Bildungsstand ihrer Mitglieder zusammen: Während in bildungsnahen Gruppen häufig die freizeitbezogene Freude am Lesen vorherrscht, verfügen Hauptschüler, entsprechend einer *Frankfurter Studie* (zit. n. ebd.), über „die kollektive Selbsteinschätzung […, dass Lesen] eine Sache der anderen" sei. Allerdings ist darauf hinzuweisen, dass nicht nur Hauptschüler das Lesen wenig schätzen. Jugendliche müssen jedoch auch erkennen, dass Lesekompetenz eine Schlüsselkompetenz für die Mediennutzung ist: Ohne ausreichende Lesekompetenz bleiben ihnen viele mediale Angebote verschlossen (vgl. ebd., S. 57). Dies gilt insbesondere für das Internet, das als Hypertext[29] weitaus größere Anforderungen an den Leser stellt, als dies lineare Texte tun. Damit sind auch die Mediennutzungsgewohnheiten der Gruppe entscheidend für deren lesefördernde Qualität.

---

[29] „Hypertexte sind […] dadurch gekennzeichnet, dass sie ein Netz von Einzeltexten darstellen, die durch Hyperlinks miteinander verbunden sind" (Schlobinski, 2001, S. 58). Durch das Aktivieren von Links kann auf andere Texte oder Textteile schnell zugegriffen werden. Damit wird ein Text nicht mehr traditionell von Anfang bis Ende gelesen, sondern wenn man „einen Link im Textfluss aktiviert, bricht die lineare Sequenz des Textes an dieser Stelle ab" (ebd., S. 60). Diese Delinearität ist die zentrale Eigenschaft, die einen Hypertext von konventionellen Texten unterscheidet.

Es lässt sich festhalten, dass die Peergroup großen und mit zunehmendem Alter steigenden Einfluss auf die Lesemotivation und dadurch auf die Leseleistung bei Jugendlichen hat. Hurrelmann (ebd., S. 58) stellt fest, dass die Altersgruppe langfristig „sicher die wichtigste Instanz" sei. Da die Zugehörigkeit zu einer Peer-group oft durch die familiäre Herkunft und den Bildungsweg beeinflusst wird, verstärkt sich in ihr für benachteiligte Jugendliche nochmals die negative Leseeinstellung. Ob eine leseförderliche Peergroup im Umkehrschluss jedoch auch eine kompensatorische Funktion für benachteiligte Jungendliche übernehmen kann, sei, so Groeben u.a. (1999, S. 8), bislang nicht empirisch untersucht worden.

In diesem dritten Kapitel wurden mit dem Literacy- und dem kulturwissenschaftlichen Konzept zwei Modelle der Lesekompetenz vorgestellt. Das Literacy-Konzept wurde in Kapitel 3.1 am Beispiel des theoretischen Modells der PISA-Studie betrachtet. Es wurde ersichtlich, dass darin durch die kognitionspsychologisch fundierten Bereiche Textverstehen und Lernen aus Texten ein in sich stimmiges Bild von Lesekompetenz entworfen wird. Bei der Vorstellung zentraler Ergebnisse der PISA-Studie wurde deutlich, dass die Leseleistung von 15-jährigen Schülern an deutschen Schulen oft als unzureichend zu bezeichnen ist. Wie problematisch dieser Befund für den sozialwissenschaftlichen Unterricht ist, wird im Rahmen der Beschreibung der Textanalyse in Kapitel 5.2.3 sowie zugespitzt im Fazit deutlich werden. Das in Kapitel 3.2 vorgestellte kulturwissenschaftliche Konzept ergänzt das Literacy-Konzept um eine motivationale, eine emotionale sowie eine kommunikative Dimension. Dies wurde zunächst theoretisch beschrieben und vom Literacy-Konzept abgegrenzt, bevor mit dem Beispiel der Lesesozialisation ein Forschungsbereich vorgestellt wurde, der den kulturwissenschaftlichen Ansatz aufgreift. An mehreren Stellen wurde bereits auf die Möglichkeiten und Probleme der Schule im Bereich der Leseförderung hingewiesen. Im folgenden Kapitel wird, als Zwischenfazit dieser Studie, aus diesen Feststellungen abgeleitet, welche Bedeutung der Schule bei der Lesekompetenzvermittlung zukommt und wo schulische Fördermaßnahmen ansetzen müssen.

4. Zwischenfazit: Lesekompetenzförderung in der Schule

Welche Bedeutung der Schule im Kontext anderer, möglicherweise konkurrierender Sozialisationsinstanzen bei der Leseförderung zukommt, lässt sich aus den Untersuchungen der Lesesozialisationsforschung ableiten. Hurrelmann hält fest, dass „mit zunehmendem Alter der Befragten die Freunde für Leseanregungen wichtiger und die Eltern unwichtiger werden – die Lehrer spielen […] diesbezüglich nach der Grundschulzeit ohnehin kaum noch eine Rolle" (ebd.). Die Schule schafft es derzeit offenbar nicht, Lesemotivation bei ihren Schülern aufzubauen. Doch nicht nur im Rahmen des kulturwissenschaftlichen Ansatzes, sondern auch im Rahmen des Literacy-Konzeptes ist die aktuelle schulische Leseförderung nicht sonderlich erfolgreich. Dies gilt insbesondere für die Sekundarstufen. Erläutert wurden diese negativen Befunde in Kapitel 3 im Rahmen des Abfalls der Leseleistung zwischen IGLU und PISA, der PISA-Ergebnisse sowie der Ursachen des Leseknicks im Alter von 12 bis 13 Jahren.

Dennoch wird der Schule durchaus Potenzial zur Lesekompetenzentwicklung zugeschrieben. Insbesondere sei sie „prinzipiell in der Lage, Familienergänzungs- und Kompensationsaufgaben zu übernehmen" (Brüsemeister, 2008, S. 112). In Kapitel 3.2.2.2 wurde diesbezüglich auf eine Studie aus dem amerikanischen Raum sowie die Untersuchungen von Baumert u.a. und auf die *Leseklima-in-der-Familie*-Studie hingewiesen. Im folgenden Kapitel wird eruiert, wo eine positive schulische Leseförderung ansetzen muss. Dabei wird erstens darauf eingegangen, was inhaltlich gefördert werden muss, zweitens werden prinzipielle Wege dazu aufgezeigt. Ziel ist es, auf der Grundlage der Erkenntnisse der beiden Lesekompetenzkonzepte eine Idee für die erfolgreiche Leseförderung in der Sekundarstufe I zu entwickeln.

4.1 Was muss gefördert werden?

Im nationalen Zusatztest der PISA-Studie werden vier Variablen genannt, die „als wichtige Bedingungen des Textverstehens gelten" (Artelt u.a. 2001, S. 86). Diese sind die kognitiven Grundfähigkeiten, die Decodierfähigkeit, das Lern- bzw. Lesestrategiewissen und das Leseinteresse. In Kapitel 3.1.2 wurde bereits darauf hingewiesen, dass sich auf der Grundlage der individuellen Ausprägung dieser sogenannten Prädikatoren bei einem Leser Aussagen über dessen Lesefähigkeit machen lassen: Es kann eine umso höhere Leseleistung erwartet werden, je besser diese einzelnen Prädikatoren ausgeprägt sind. Dementsprechend können sie als Ansatzpunkte für Leseförderung angesehen werden. Dabei sind jedoch einerseits die schulische Beeinflussbarkeit des jeweiligen Prädikators sowie andererseits dessen Erklärungswert bzgl. der Lesekompetenz zu berücksichtigen.

Zunächst zur Beeinflussbarkeit: Aus den bisherigen Ausführungen wurde ersichtlich, dass die Variablen Decodierfähigkeit, Lesestrategiewissen und Leseinteresse durch die Schule prinzipiell beeinflussbar sind – ob es mit den derzeitigen Wegen möglich ist sei dahingestellt. Die kognitiven Grundfähigkeiten hingegen sind als „das Lesen übergreifende Intelligenzvoraussetzung" (Hurrelmann, 2002a, S. 9) nur schwer beeinflussbar im Rahmen der schulischen Leseförderung. Allerdings weist dieser Prädikator mit $r = .52$ die höchste Varianzaufklärung bzgl. der Lesekompetenz auf, d.h. unter den genannten Variablen beeinflusst die kognitive Grundfähigkeit die Lesekompetenz am stärksten. Da sie aber nicht beeinflussbar ist, muss sie im Rahmen dieser Untersuchung vernachlässigt werden. Entsprechend des kulturwissenschaftlichen Ansatzes müsste der Prädikator Leseinteresse eine hohe Varianzaufklärung aufweisen. Dem ist jedoch nicht so, mit $r = .11$ ist er die einflussloseste der vier Variablen. Trotz dieses niedrigen Wertes sollte man das Leseinteresse nicht vernachlässigen, es stellt eine wichtige Voraussetzung für den Erwerb der beiden übrigen Variablen dar: Wer gerne und dadurch häufig liest, trainiert dabei seine Decodierfähigkeit. Er wird vermutlich auch mehr Interesse an Lesestrategien zeigen als ein uninteressierter Leser. Die Decodierfähigkeit weist mit $r = .22$ eine höhere Varianzaufklärung auf, dicht gefolgt vom Lern- bzw. Lesestrategiewissen mit $r = .23$. Daraus lassen sich drei inhaltliche Bereiche zur Leseförderung ableiten.

Ein erster Punkt, an dem die schulische Leseförderung ansetzen sollte, ist die Sicherstellung einer bei allen Schülern vorhandenen *elementaren Lesefähigkeit*. Es wurde bereits darauf hingewiesen, dass dies bislang institutionell im Erstleseunterricht der Primarstufe bzw. in der Primarstufenlehrerausbildung verankert ist. Allerdings ist es, unter Bezugnahme auf die PISA-Ergebnisse, faktisch der Fall, dass viele Schüler in der Sekundarstufe I diese grundlegende Lesekompetenz nicht in ausreichendem Maße aufweisen. Statt jedoch, wie bisher, darüber hinwegzusehen und Höhenkamm-Literaturunterricht zu betreiben, muss zunächst eine solide Lesekompetenzbasis geschaffen werden, auf die dann sukzessive aufgebaut werden kann. Insbesondere die unterprivilegierten Schüler dürften von einer solchen Maßnahme profitieren. Wie oben ausführlicher dargelegt wurde, hält Hurrelmann die Schule durchaus für fähig, eine solche kompensatorische Aufgabe zu übernehmen. Dazu muss jedoch zunächst ein Bewusstsein der Sekundarstufenlehrer für dieses Problem geschaffen werden. Das könnte beispielsweise durch entsprechende Veränderungen in der Lehrerausbildung oder Fortbildungsangebote erreicht werden. Wichtig ist dabei auch die Stärkung der Diagnosekompetenz der Lehrer bzgl. möglicher Leseschwächen von Schülern.

Die Verbesserung von *Lesestrategiewissen* stellt einen zweiten notwendigen Bereich der Leseförderung dar. Unter Strategie versteht Spinner (2004, S.

131) „eine in unterschiedlichen Situationen einsetzbare, zielgerichtete Vorgehensweise […], die automatisch ablaufen kann, aber auch bewusstseinsfähig ist." Entsprechend könne man mit einer Lesestrategie „sein eigenes Lesen funktional im Hinblick auf den jeweiligen Zweck und die Art des Textes steuern." Zu Lesestrategien gehören sowohl äußerlich sichtbare Tätigkeiten, wie das Markieren von wichtigen Textstellen, als auch Entscheidungen, die beim Lesen getroffen werden müssen, wie beispielsweise das mögliche Überspringen von unwichtigen Textpassagen (vgl. Frauen u.a., 2007, S. 37).[30] Dieser Punkt wird auch von den didaktisch orientierten Empfehlungen der PISA-Studie aufgegriffen. Demnach sollen Schüler nicht nur Lesestrategien anwenden und üben, vielmehr soll auch deren Bedeutung vermittelt werden (vgl. Hurrelmann, 2002a, S. 9). Ziel sei, dass die „Lernenden sie mehr und mehr selbständig und bewusst zur Überwachung und Steuerung der eigenen Leseprozesse einsetzen können".

Drittens muss in Schulen ein *leseförderliches Klima* geschaffen werden. Auf konkrete diesbezügliche Maßnahmen, wie beispielsweise das Einrichten von Schulbibliotheken mit angenehmer Leseatmosphäre, wurde bereits in Kapitel 3.1.5 hingewiesen. Sowohl die im PISA-Ranking führenden Länder als auch die deutschen Grundschulen könnten für die Sekundarstufe hierbei als Vorbild dienen. Das Ziel des leseförderlichen Klimas muss die Schaffung von Lesemotivation sein. Entscheidend hierfür sei, so Frauen u.a. (2007, S. 42), dass mit authentischen Leseanlässen und -aufgaben gearbeitet werde. Dieser Aspekt wird im Rahmen der situierten Leseanlässe im folgenden Kapitel vertieft.

---

[30] Ein Überblick über konkrete mögliche Lesestrategien, differenziert nach vor, während und nach dem Lesen, ist bei Frauen u.a. (ebd., S. 37ff) zu finden. In Kapitel 5.2 werden mögliche Lesestrategien für den sozialwissenschaftlichen Unterricht skizziert.

4.2 Wie muss gefördert werden? Prinzipielle Wege

Nachdem im vorangehenden Kapitel inhaltliche Ansatzpunkte zur schulischen Leseförderung aufgezeigt wurden, wird nun auf Aspekte hingewiesen, wie an Leseförderung grundsätzlich herangegangen werden sollte. Daraus wird eine Idee abgeleitet, wie eine erfolgreiche schulische Leseförderung aussehen könnte.

Der Umgang mit Sachtexten ist wichtiger Bestandteil von Lesekompetenz. Werden im Deutschunterricht solche Texte jedoch behandelt, geschehe dies, so Spinner (2004, S. 129) „oft losgelöst von inhaltlichen Problemzusammenhängen." Es handle sich um „Trockenübungen" des Lesens, durch die der Inhalt des Textes beliebig erscheine. Dadurch werde eine künstliche Lernsituation geschaffen, die für Schüler nicht motivierend sei. Vielmehr solle das Lesen von Sachtexten in authentischen Situationen, „in denen verstehendes Lesen eine tatsächliche Funktion in einem einsehbaren Arbeitszusammenhang hat" (ebd., S. 130), stattfinden. Aus authentischen Lesesituationen erwachse, so Frauen u.a. (2007, S. 42), eine Einsicht in die persönliche Relevanz des Textes, was wiederum situative Interessiertheit wecke. Dadurch könnten „beachtliche Steigerungen von Lesemotivation und -leistung erzielt werden".

Dies spricht dafür, dass Leseförderung nicht nur als Aufgabe des Deutschunterrichts, sondern als fächerübergreifendes Anliegen verstanden werden soll. Da Lesen auch im Unterricht fast aller Fächer eine Rolle spiele, sei es bei Textaufgaben im Mathematik-, bei Versuchsanleitungen im Chemie- oder bei Quellenanalysen im Geschichtsunterricht, könnten entsprechende situierte Leseanlässe vielerorts konstruiert werden. Die KMK geht in ihren einheitlichen Prüfungsanforderungen für das Abitur im Fach Deutsch so weit, dass sie feststellt, Lesekompetenz sei „grundlegend für alle Fächer. Alle Fächer arbeiten mit Texten, alle Fächer arbeiten im Medium Sprache" (KMK, 2002, S. 4). Das heißt jedoch nicht, dass in allen Fächern „eigene Lesestunden" (Spinner, 2004, S. 128) eingeführt werden sollen, sondern dass „in den Situationen, in denen im Fach Texte gelesen werden müssen, auf angemessene Verstehensleistung geachtet" werden muss. Welche Rolle der sozialwissenschaftliche Unterricht hier einnehmen kann, wird in Kapitel 5.2 erläutert.

Aus diesen Ergebnissen der Leseforschung lässt sich eine Idee für eine erfolgreiche Leseförderung in der Sekundarstufe I ableiten, die im Folgenden skizziert wird. Sie nimmt sowohl den Deutschunterricht als auch andere Fächer in die Pflicht.

In die schulische Leseförderung sollen nicht nur Sach-, sondern auch fiktionale Texte einbezogen werden. Diese sind im Gegensatz zu Sachtexten „tendenziell situationsabstrakt" (ebd., S. 129). Daher stellt Spinner (ebd.) fest, dass es beim Lesen dieser Texte eben nicht darum gehe, eine textexterne Situation nachzuvollziehen, sondern darum, „sich eine Vorstellung der durch den Text evozierten Welt" zu konstruieren. Auf den Umgang mit literarischen Texten solle sich der Deutschunterricht konzentrieren. Bei der Textauswahl sollen vor allem die Leseinteressen der Schüler beachtet werden, die heute dominierenden, von vielen Schülern aber ungeliebten realistischen Erzählungen mit sozialmoralischer Botschaft müssen dem untergeordnet werden. Methodisch darf ein solcher Deutschunterricht nicht in die heute gängigen distanziert-analytischen Verfahrensweisen verfallen: Das Ziel des Unterrichts soll nicht die perfekte Interpretation eines Textes sein, sondern im Zentrum muss der Aufbau von Lesemotivation stehen. Eine positive Lesemotivation wird wiederum als Möglichkeit erachtet, die individuelle Lesemenge zu steigern und dadurch Lesekompetenz aufzubauen (vgl. Frauen u.a., 2007, S. 41): Durch vermehrtes Lesen werden die leseleistungsschwachen Schüler öfter mit ihren Defiziten konfrontiert. Wird das Ziel gerne lesender Schüler erreicht, entwickeln sie als Reaktion auf ihre Schwächen vermutlich die Motivation, diese zu beheben.

Der Deutschunterricht der Sekundarstufe ist daher im Rahmen von kompensatorischen Aufgaben auch für die Vermittlung noch fehlender elementare Lesekompetenzen zuständig. Darüber hinaus soll er Gesprächsmöglichkeiten über außerschulische Lektüre anbieten. Dazu gibt es vielfältige methodische Herangehensweisen. Sinnvoll scheint beispielsweise die Buchpräsentation zu sein, denn mit dieser Methode wird nicht nur die außerschulische Lektüre in den Unterricht getragen, sondern sie nutzt auch das förderliche Potenzial der Peergroup. Dies bedeutet jedoch nicht, dass der Deutschunterricht nur Lesefreude vermitteln solle. Er muss darüber hinaus auch als eine Art Plattform angesehen werden, auf der die im fächerübergreifenden Leseunterricht erworbenen Kompetenzen (vgl. unten) reflektiert werden können.

Neben dem Deutschunterricht sollen auch andere Fächer an der Lesekompetenzentwicklung beteiligt werden. Oben wurde bereits auf das Potenzial sowie auf einige mögliche Anknüpfungspunkte in anderen Fächern hingewiesen. Entscheidend ist, dass das Lesen hier in einem authentischen Handlungszusammenhang einen Sinn erfüllt. Dadurch erkennen die Schüler die Bedeutung des Lesens als sinnvolles Werkzeug. Durch den Einsatz des Lesens in unterschiedlichsten Fächern, beispielsweise bei Grafiken im Biologie- oder bei Gleichnissen im Religionsunterricht, begreifen sie, dass das Lesen in verschiedensten Lebensbereichen Bedeutung hat. Sie lernen dabei vielfältige, teils fachspezifische, teils fachübergreifende Lesestrategien kennen. Durch die sich aus den authentischen Lesesituationen ergebende Vielfalt an Leseanforderungen, beispielsweise das Auffinden von Argumenten in einer politischen Rede im sozialwissenschaftlichen

Unterricht oder Entnehmen von Informationen aus einem Klimadiagramms im Geografieunterricht, werden die verschiedenen Aspekte des Leseprozesses (die Skalen des PISA-Modells) erlernt und geübt. Von entscheidender Bedeutung für eine erfolgreiche Leseförderung ist jedoch, dass über das Lesen und insbesondere die angewendeten Lesestrategien reflektiert wird. Dies darf im Unterricht keinesfalls vernachlässigt werden.

Wer jedoch eine fächerübergreifende Lesekompetenzförderung anstrebt, muss auch berücksichtigen, dass die Fachlehrer entsprechend ausgebildet werden müssen. So muss beispielsweise ein Geografielehrer in seiner Ausbildung vermittelt bekommen, welche Lesestrategien für Schüler beim Lesen einer Karte angemessen sind und wie er diese vermittelt. Daher zieht das Plädoyer für fächerübergreifendes, situiertes Lesen lernen auch die Forderung nach einer Verankerung von entsprechenden Lesekompetenzvermittlungsstrategien in allen relevanten Fachlehrerausbildungen nach sich.

Diese Idee eines erfolgreichen Leseunterrichts bezieht sowohl Erkenntnisse des Literacy- als auch des kulturwissenschaftlichen Lesekompetenzmodells mit ein. Tendenziell ist hierin der Deutschunterricht eher für die lesemotivationalen und reflexiven Aufgaben des kulturwissenschaftlichen Konzeptes zuständig, im fachübergreifenden Lesen werden die Fähigkeitsbereiche und Lesestrategien in authentischen Situationen geübt, was den Forderungen des Literacy-Konzeptes entspricht. Im folgenden Kapitel 5 wird untersucht, wie die Lesekompetenzförderung im Deutsch- und im sozialwissenschaftlichen Unterricht durch die Lehrpläne real vorgesehen ist. Darüber hinaus wird erläutert, welches leseförderliche Potenzial das Fach Sozialwissenschaft aufweist.

5. Lesekompetenzförderung im Deutsch- und sozialwissenschaftlichen Unterricht

Nachdem in Kapitel 4 eine Idee davon entwickelt wurde, wie eine erfolgreiche Lesekompetenzvermittlung in der Sekundarstufe I aussehen sollte, werden nun die tatsächlichen Vorgaben betrachtet. Dazu werden die Bildungsstandards, der G8-Kernlehrplan und die Richtlinien für Nordrhein-Westfalen[31] sowie die einheitlichen Prüfungsanforderungen für das Abitur herangezogen. Zunächst wird in Kapitel 5.1 die Rolle des Deutschunterrichts erläutert. Es ist nicht zu erwarten, dass in den Sekundarstufe-I-Vorgaben für dieses Fach eine umfassende Lesekompetenzförderung enthalten ist. Denn erstens ist das elementare Lesen lernen in den Lehrplänen für die Primarstufe enthalten, die hier zu analysierenden Sekundarstufen-Vorgaben werden darauf aufbauen. Diesbezüglich wird insbesondere darauf zu achten sein, inwieweit der Ausgleich von elementaren Leseschwierigkeiten in der Sekundarstufe vorgesehen ist.

Zweitens wird das Lesen, wie oben erläutert wurde, in verschiedenen Fächern in der Sekundarstufe erwartet und gefördert. Aufgrund dieser Einschränkungen zeigt eine „auf den Deutschunterricht beschränkte Analyse der Lehrpläne […] nur einen Ausschnitt der im Rahmen des Unterrichts thematisierten und erwarteten Bereiche" (Artelt u.a., 2001, S. 97). Dennoch soll überprüft werden, inwieweit die oben angeführten Ideen für einen erfolgreichen Leseunterricht mit den tatsächlichen Vorgaben für den Deutschunterricht übereinstimmen. Da auf diesem Vergleich jedoch nicht der Schwerpunkt dieses Kapitel liegen soll, wird dabei eher überblicksar-

---

[31] Aus Platzgründen sowie meinem Studienziel Lehramt am Gymnasium beschränke ich mich bei den Kernlehrplänen auf die Schulform Gymnasium. Es sei darauf hingewiesen, dass die Kompetenzbereiche in den anderen Sekundarstufen-Schulformen zumindest die gleichen Bezeichnungen tragen.

tig vorgegangen. Den Kern dieses letzten inhaltlichen Kapitels dieses Buches stellt die Untersuchung dar, welche Rolle der sozialwissenschaftliche Unterricht im Rahmen der Leseförderung einnehmen kann. Dazu wird in Kapitel 5.2 neben einer entsprechenden Lehrplananalyse auch die allgemeine Rolle von Texten im sozialwissenschaftlichen Unterricht erläutert. Danach wird die für das Fach Sozialwissenschaften wichtige Vorgehensweise der hermeneutischen Quelleninterpretation in Bezug auf ihr leseförderndes Potenzial untersucht. Abschließend soll überlegt werden, ob es eine spezifisch sozialwissenschaftliche Lesekompetenz gibt.

5.1 Leseförderung im Deutschunterricht

Die Bildungsstandards weisen für die Sekundarstufe I im Fach Deutsch vier Kompetenzbereiche aus: *Sprechen und Zuhören*, *Schreiben*, *Sprache und Sprachgebrauch untersuchen* sowie *Lesen – mit Texten und Medien umgehen* (vgl. KMK, 2004, S. 8). Zudem sollen Schüler Fähigkeiten im Gebiet *Methoden und Arbeitstechniken* erlangen. Dieser letztere Bereich wird jedoch nicht als eigenständiger Kompetenzbereich ausgewiesen, sondern er fließt als Querschnittsbereich in die anderen mit ein. Im nordrhein-westfälischen G8-Kernlehrplan spiegeln sich diese Aufgabenbereiche des Deutschunterrichts, mit kleineren Differenzen in ihrer Benennung, wider.[32] Die Leseförderung fällt in die Bereiche *Sprache und Sprachgebrauch untersuchen* (im Kernlehrplan *Reflexion über Sprache* genannt) sowie *Lesen – mit Texten und Medien umgehen* (im Kernlehrplan *Lesen – Umgang mit Texten* genannt). Die folgenden Ausführungen werden aus dem nordrhein-westfälischen Kern-

---

[32] Eine schematische Darstellung der Kompetenzbereiche für das Fach Deutsch der Bildungsstandards und des G8-Kernlehrplans ist in Anhang 4 zu finden.

lehrplan zitiert, die dabei erläuterten Befunde gelten aber auch für die Bildungsstandards, an denen sich der Kernlehrplan orientiert.

Im Kompetenzbereich *Reflexion über Sprache* sollen die Schüler unter anderem textstrukturierende Mittel kennen lernen. Darunter fallen „sprachliche Mittel zur Sicherung des Textzusammenhanges" auf morphologischer Ebene (bspw. Konjunktionen oder die Zusammensetzung von Wörtern erschließen), auf syntaktischer Ebene (bspw. Einleitungssätze als solche erkennen) und auf semantischer Ebene (bspw. Schlüsselwörter erkennen) (vgl. MfSW, 2007a, S. 20). Diese Mittel zur grundlegenden Reflexion der Struktur eines Textes fördern den oben skizzierten Bereich des Lesestrategiewissens, insbesondere die Fähigkeit zur Herstellung von Textkohärenz. In diesem Kompetenzbereich spielt die Leseförderung jedoch nur eine untergeordnete Rolle. So sollen die Schüler hier beispielsweise auch grammatikalische Regeln reflektieren oder Prinzipien des Sprachwandels kennenlernen.

Deutlich intensiver wird im Bereich *Lesen – mit Texten und Medien umgehen* auf die Leseförderung im Deutschunterricht eingegangen. Die erwarteten Kompetenzen beziehen sich hier auf „die Kenntnis literarischer Texte und ihrer Gattungsmerkmale sowie auf den Umgang mit Sachtexten und medialen Texten" (ebd., S. 13). Darunter fallen drei Grobziele: Erstens sollen die Schüler über *Lesetechniken und -strategien* verfügen, zweitens sollen sie den *Umgang mit Sachtexten und Medien* üben und drittens *produktionsorientiert mit Texten und Medien umgehen*. Während sich der erste Bereich weitgehend mit den lesefördernden Aufgaben des Kompetenzbereichs *Reflexion über Sprache* deckt, wird in letzteren beiden Bereichen die kulturwissenschaftliche Orientierung des Deutschunterrichts deutlich. So liegt bezeichnenderweise der Schwerpunkt des Kompetenzbereichs zu *Sachtexten und Medien* auf literarischen Texten: Diese sollen in ihre Entstehungszeit und ins Oeuvre des Autors eingeordnet sowie nach epischer, lyrischer und dramatischer Grundform unterschieden werden. Als wesentliche zu erlernende Fachbegriffe werden beispielsweise Reim, Metapher, lyrisches Ich oder sprachliche Bilder erachtet (vgl. ebd., S. 18). Dies zeigt den deutlichen Schwerpunkt auf literarischen Texten. Innerhalb der literarischen Texte fordert der Kernlehrplan die Behandlung einer Vielzahl unterschiedlicher Genres, bspw. epische Kleinformen, Novellen, Erzählungen, Romane, Gedichte (vgl. ebd., S. 18) oder Hörspiele (vgl. ebd., S. 39). Zwar ist auch der Umgang mit Sach- und diskontinuierlichen Texten im Kernlehrplan NRWs für den Deutschunterricht vorgesehen, jedoch nur in einem erheblich geringeren Umfang als in der PISA-Studie, die die praktische Relevanz der Textsorten abbilden will. Die Förderung von Lesemotivation wird im Kernlehrplan Deutsch nicht explizit angesprochen. Jedoch weisen die Forderungen nach dem Lesen „altersangemessener Werke" (ebd. S. 19) sowie der Bereich *produktionsorientierter Umgang mit Texten und Medien* darauf hin. Ziel des produktionsorientierten Bereichs ist oftmals das Hineinversetzen in literarische Figuren, wodurch die Lesefreude gestärkt werden könne (vgl. Abraham/Kepser, 2005, S. 74).

Der Kernlehrplan schreibt dem Deutschunterricht der Sekundarstufe I durchaus auch kompensatorische Aufgaben zu. Er weist darauf hin, dass die Schüler am Ende der Sekundarstufe I „über grundlegende Lesefertigkeiten verfügen" (MfSW, 2007a, S. 17) sollten – allerdings ist dies die einzige Stelle, an der auf elementare Lesefähigkeit hingewiesen wird. Daran wird deutlich, dass die Kompensation von vorhandenen Leseschwierigkeiten nicht als zentrale Aufgabe des Deutschunterrichts vorgesehen ist.

Anhand der einheitlichen Prüfungsanforderungen in der Abiturprüfung Deutsch sowie der Richtlinien kann gezeigt werden, dass literarische Texte auch in der Sekundarstufe II bevorzugt behandelt werden. Zwar wird auch der Umgang mit pragmatischen Texten gefordert, „literarischen Texten kommt in der gymnasialen Oberstufe [jedoch] vorrangige Bedeutung zu" (KMK, 2002, S. 5). Im Kompetenzbereich *Erschließen von Texten und Medienprodukten* der Einheitlichen Prüfungsanforderungen für das Abitur[33] wird neben dem reinen Verstehen von literarischen Texten auch der literarischen Bildung, im Sinne von literaturtheoretischem und -geschichtlichem Orientierungswissen, eine wichtige Bedeutung zugesprochen (ebd., S. 6). Im Rahmen des Bereichs *Beherrschen von Methoden und Arbeitstechniken* werden zudem Verfahren zur Texterschließung einbezogen.

Zusammenfassend kann festgehalten werden, dass die Vorgaben der EPAs, der Bildungsstandards sowie des nordrhein-westfälischen G8-Kernlehrplans und der Richtlinien durchaus den aus der PISA-Studie abgeleiteten Bereich mit primärem Förderbedarf, das Lesestrategiewissen, abdecken. Zudem werden, auch wenn im Rahmen dieses überblicksartigen Kapitels nicht explizit darauf eingegangen werden konnte, die bei PISA berücksichtigten Teilkompetenzen des Lesens aufgegriffen. Der Sekundarstufe I kommt zudem die Aufgabe zu, vorhandene Schwächen auszugleichen, um eine elementare Lesefähigkeit sicherzustellen. Dies nimmt jedoch, zumindest im gymnasialen Kernlehrplan, nur wenig Raum ein. Es wäre nötig, dies auch am Lehrplan für die Haupt- und Realschule zu überprüfen.

Der Schwerpunkt des Deutschunterrichts am Gymnasium liegt hingegen auf der literarischen Bildung im kulturwissenschaftlichen Sinne. Dabei ist festzustellen, dass der Lesemotivationsförderung, als der entsprechend

---

[33] Eine schematische Darstellung der Kompetenzbereiche für das Fach Deutsch der EPAs in Bezug auf die Kompetenzbereiche der Bildungsstandards und des G8-Kernlehrplan ist in Anhang 4 zu finden.

der in Kapitel 4 präsentierten Idee einer erfolgreichen Leseförderung zentralen Aufgabe des Faches Deutsch, nur wenig Bedeutung zukommt. Stattdessen dominiert das Herstellen von literarischem Orientierungswissen – dies gilt insbesondere für die Sekundarstufe II. In diesem Kapitel wurde darüber hinaus deutlich, dass die Vermittlung der Schlüsselkompetenz Lesen nur eine von mehreren Aufgaben des Deutschunterrichtes ist.

5.2 Leseförderung im sozialwissenschaftlichen Unterricht

Das in Kapitel 4 vorgestellte Konzept einer erfolgreichen Leseförderung bezieht nicht nur den Deutschunterricht, sondern auch weitere Fächer mit ein. In diesem Kapitel wird untersucht, welche Rolle der sozialwissenschaftliche Unterricht dabei einnehmen kann oder gar muss. Dazu wird zunächst in Kapitel 5.2.1 auf die allgemeine Bedeutung von Texten im Fach Sozialwissenschaft eingegangen. Daran schließt sich die Frage an, ob die Lesekompetenzvermittlung überhaupt als Aufgabe des Faches Sozialwissenschaft gesehen werden kann (5.2.2). Dazu werden einerseits die Vorgaben in Kernlehrplan und Richtlinien NRWs sowie die entsprechenden EPAs analysiert, andererseits wird auf eine diesbezügliche Kontroverse in der Fachdidaktik hingewiesen. In Kapitel 5.2.3 wird die Textanalyse als einer der „'Basismethoden' […] politischer Bildung" (Kuhn, 2000, S. 115) und deren leseförderndes Potenzial erläutert. Weitere Ansatzpunkte zur Leseförderung werden aus den in Kapitel 5.2.4 skizzierten Problemen bei Lesearbeiten im sozialwissenschaftlichen Unterricht ersichtlich. Abschließend wird in Kapitel 5.2.5 auf die in der Literatur bislang wenig beachtete Frage eingegangen, ob es eine spezifisch politische Lesekompetenz, eine Political Reading Literacy gibt.

5.2.1 Bedeutung von Texten im Sowi-Unterricht

Die Textarbeit im sozialwissenschaftlichen Unterricht ist in der Fachdidaktik nicht unumstritten. Kritiker dieser Vorgehensweise befürchten, dass durch den intensiven Einsatz von Texten das „politische Leben […] zu mehr oder weniger trockenem Unterrichtsstoff, zu Merksätzen, Zeitungsartikeln, Sachtexten, Graphiken, […] oder entsprechenden Lehrerinstruktionen [reduziert werde]. Im Vordergrund [… stehen] die Erfahrungen und Ansichten anderer, nicht die der Schüler" (Klippert, 1988, S. 78; zit. n. Weißeno, 1997, S. 431). Da Quellenarbeit im Unterricht erfahrungsfern und verkopft sei, werde freies und selbständiges Lernen eingeengt. Stattdessen sollten die Schüler vielmehr im Unterricht praktisch lernen, ihnen sollten Angebote gemacht werden, durch die sie „politische Erfahrungen selbst […] sammeln und politische Erkenntnisse selbständig […] gewinnen, d.h. produktiv […] erarbeiten" können (ebd.). Daher fordern Kritiker der Quellenarbeit einen handlungsorientierten anstelle eines „verworteten" (ebd.), textbasierten sozialwissenschaftlichen Unterrichts.

Demgegenüber weisen Befürworter der textbasierten sozialwissenschaftlichen Bildung darauf hin, dass eine erlebnisorientierte Unterrichtsgestaltung zum Erschließen des Politischen selten ausreiche. Stattdessen sei „die Rekonstruktion politischer Wirklichkeit aus Quellen […] oftmals der einzige Weg, um am politischen Leben teilnehmen zu können" (Weißeno, 1997, S. 432). Texte seien daher „die wichtigste Informationsquelle im Alltag des Politikunterrichts" (Eichner, 2007, S. 14). Eichner (ebd., S. 14) hält fest, dass ein Politikunterricht, der seine Zielsetzung, die Schüler zur politischen Partizipation zu befähigen, ernst nehme, Textarbeit nicht vernachlässigen dürfe. Massing (2004, S. 39) ist der Ansicht, dass der „Umgang mit Texten […] zum Handwerkszeug eines jeden, der die politische Wirklichkeit verstehen will", dazugehöre. Der Verzicht auf Textarbeit im sozialwissenschaftlichen Unterricht habe eine „Entleerung des Faches" (Wei-ßeno, 1997, S. 432) als Folge.

Damit werden mit der Textarbeit gleich zwei Ziele erreicht. Einerseits transportieren Texte das Politische in den Unterricht, andererseits trainiert das Lesen dieser Texte die für die politische Partizipation unabdingbare Lesekompetenz (Kuhn, 2007, S. 509). Den Widerspruch zwischen textana-lytischem und handlungsorientiertem Vorgehen, den Kritiker der Textar-beit sehen, sieht Weißeno (2002, S. 192) nicht als gegeben an. Vielmehr müsse eine „gründliche Auseinandersetzung mit schriftlichen Zeugnissen einer sinnvollen Eigentätigkeit vorausgehen". Insofern „ergänzen und be-reichern sich" textbasierte und handlungsorientierte Verfahren (ebd.). Darüber hinaus komme der Einsatz von Texten dem alltäglichen Praxis-druck von Lehrern entgegen. Wenn ein Lehrer auf einen für den Unter-richt inhaltlich relevanten Text zurückgreifen könne, würden sich für ihn „in der Regel weitere anstrengende Planungsüberlegungen" erübrigen, der typische methodische Unterrichtsgang von Verstehen über das Ausle-gen zum Beurteilen sei nahezu festgelegt. Da Texte zudem in allen Unter-richtsphasen eingesetzt werden können, würden sie von Lehrern häufig verwendet werden (vgl. Eichner, 2007, S. 13).

Aus diesen Gründen scheint der Einsatz von Texten im sozialwissen-schaftlichen Unterricht nicht nur wichtig, sondern unverzichtbar zu sein. Konsequenz daraus ist Eichners Feststellung, dass in „allen Schulstufen und in allen Schulformen" Unterricht zur politischen Bildung „zumeist textorientiert" stattfindet (ebd.). Ab der Sekundarstufe I würden „Lehrer jedoch relativ unreflektiert vom Vorhandensein einer […] basalen Lese-kompetenz bei ihren Schülern" ausgehen (ebd., S. 15). Diese ist, wie in Kapitel 3.1 erläutert wurde, jedoch oftmals nicht in ausreichendem Maße vorhanden, was ein großes Problem für den sozialwissenschaftlichen, textbasierten Unterricht barstellt. Inwiefern die Förderung von Lesekompetenz auch im Fach Sozialwissenschaft stattfinden soll, wird im folgenden Kapitel erläutert.

5.2.2 Leseförderung – eine Aufgabe des Fachs Sozialwissenschaft?

Ein Ergebnis aus Kapitel 4 war, dass Leseförderung in allen Fächern betrieben werden sollte, in denen Lesen Bestandteil des Unterrichts ist. Da in Kapitel 5.2.1 gezeigt wurde, dass Lesen eine wichtige Rolle im Fach Sozialwissenschaft einnimmt, kann gefolgert werden, dass Leseförderung prinzipiell auch in den sozialwissenschaftlichen Unterricht mit einbezogen werden sollte. Diese Feststellung ist in der Fachdidaktik jedoch nicht unumstritten. Massing (2004, S. 38) ist der Ansicht, dass der Politikunterricht Lesekompetenz voraussetzen müsse. Zwar könne er zu deren Verbesserung mit „beitragen, […] aber das ist nicht seine eigentliche Aufgabe."

Eichner (2007, S. 14) hält die Lesekompetenz hingegen für eine „methodische Zielsetzung […] in der Qualifizierung für Demokratie". So sei die Fähigkeit zur Informationsbeschaffung aus Texten unentbehrliche Voraussetzung für die politische Urteilsbildung. Als solche sei die Förderung von Lesekompetenz Aufgabe des sozialwissenschaftlichen Unterrichts. Aus dieser für die Fragestellung der vorliegenden Arbeit grundlegend wichtigen Meinungsverschiedenheit hat sich in der Fachdidaktik bislang noch keine differenzierte Diskussion entwickelt – sie beschränkt sich momentan auf einzelne, beispielsweise die zitierten, Randbemerkungen. Eine solche Debatte wäre im Sinne der Leseförderung der Schüler jedoch überaus wünschenswert, denn dadurch könnte das Bewusstsein der Lehrer auf das lesefördernde Potenzial des sozialwissenschaftlichen Unterrichts gelenkt werden. Neben einer fachdidaktischen Diskussion könnten auch die

Lehrpläne die Aufmerksamkeit der Lehrer auf die Leseförderung ziehen. Inwieweit diese in den Vorgaben berücksichtigt wird, wird im Folgenden analysiert.

Der nordrhein-westfälische G8-Kernlehrplan für das Fach Politik/Wirtschaft geht nur indirekt auf das Lesen ein. Im Rahmen der Methodenkompetenz sollen die Schüler in der Sekundarstufe I Methoden und Arbeitstechniken erlernen, die zur Erkenntnisgewinnung in Ökonomie, Politikwissenschaft und Soziologie nötig sind (vgl. MfSW, 2007b, S. 18f). In den Klassen 5/6 steht dabei das selbständige und kooperative Erschließen von Sachverhalten mit elementaren Lern- und Arbeitstechniken im Zentrum (vgl. ebd., S. 25), in den Klassen 7 bis 9 sollen die zielgerichtete Recherche und das begründete Auswählen und Analysieren von Informationsangeboten erlernt werden (vgl. ebd., S. 29). Aus den bisherigen Ausführungen in dieser Arbeit wurde deutlich, dass das Lesen für diese Kompetenzen eine entscheidende Rolle spielt. Dies kommt im Kernlehrplan jedoch nicht zum Ausdruck, er geht nur implizit auf Lesekompetenz ein.

Die nordrhein-westfälischen Richtlinien für die Sekundarstufe II hingegen sehen in den Methodenfeldern 1 und 5 eine intensive Beschäftigung mit Lesestrategien im Unterricht vor. Im Methodenfeld 1 sollen die Schüler „Arbeitsweisen zur Gewinnung, Verarbeitung und Darstellung von Informationen" (MfSW, 1999, S. 29) erlernen. Eine wichtige Rolle kommt dabei dem analytischen Umgang mit Texten zu (vgl. ebd., S. 31). Grundlegend werden von den Richtlinien drei für das Fach Sozialwissenschaften wichtige Textsorten genannt: Fallberichte, Problem-Erörterungen und sozialwissenschaftliche Sachtexte. Als Basis zur Unterscheidung dieser Textsorten dienen die Kriterien Abstraktion und Betroffenheit. Während Fallberichte subjektive Betroffenheit wecken und konkrete Situationen darstellen, beinhalten Sachtexte abstrakte Ausführungen, die dem An-spruch objektiver Bedeutsamkeit genügen (vgl. ebd.). Für die Bearbeitung von Texten der unterschiedlichen Textsorten seien jeweils entsprechende Techniken der Informationsverarbeitung nötig. Diesen liege jedoch stets der Arbeitsgang von der Analyse (Erfassen von Informationen) über das Darstellen (die bedürfnisorientierte Reorganisation der Informationen) zur Erörterung der Ergebnisse zugrunde. Dieser Dreischritt der Textanalyse wird in Kapitel 5.2.3 genauer erläutert.

Die Richtlinien (ebd., S. 32) fordern des Weiteren, dass das „Erlernen und Üben der Arbeitstechniken […] in einem konkreten, thematisch struktu-rierten Unterrichtszusammenhang" erfolgen solle. Im Rahmen des Me-thodenfeldes 5 werden diese Forderungen konkretisiert. Beim Umgang mit fachwissenschaftlichen Theorien sollen die Schüler erstens Lesetechni-ken kennenlernen. Dabei werden das intensive und das kursorische Lesen genannt. Zweitens sollen verschiedene Lesestrategien angewendet wer-den. Darunter fällt beispielsweise das entsprechende Nutzen von Inhalts-verzeichnis, Bibliografie oder Glossar (vgl. ebd., S. 34). Neben dem Erler-nen der Arbeitstechniken in konkreten, thematischen Situationen wird in Methodenfeld 1 Wert auf die methodische Reflexion gelegt. Ziel dessen sei, dass die „Schüler Verhaltensweisen und Unterrichtsprozesse bewuss-ter wahrnehmen […] und befähigt werden, die Methoden und Arbeitswei-sen eigenständig [zu] nutzen" (ebd., S. 32). Eine derart gestaltete Leseför-derung müsse, so die Richtlinien, einen „zentralen Platz im Unterricht der gymnasialen Oberstufe erhalten" (MfSW, 1999, S. 29). Damit entsprechen die Vorgaben der Richtlinien für die Sekundarstufe II den Ansprüchen einer erfolgreichen Leseförderung aus Kapitel 4.

In der Sekundarstufe II werden damit gute Voraussetzungen geschaffen, um die Lesekompetenzerwartungen der einheitlichen Prüfungsanforderungen in der Abitursprüfung im Fach Sozialkunde/Politik zu erfüllen. Zwar wird in den EPAs, ähnlich wie im Kernlehrplan der Sekundarstufe I, nur implizit auf Lesen eingegangen, die methodischen Kompetenzerwartungen erfordern allerdings eine ausgeprägte Lesefähigkeit. So müssen Abiturienten grundlegende Fach- und Arbeitsmethoden zur Auseinandersetzung mit politischen, ökonomischen und gesellschaftlichen Problemstellungen beherrschen. Dazu zählt beispielsweise die Textauslegung, die Analyse und Interpretation von Fachtexten und der sachgerechte und kritische Umgang mit Texten (vgl. KMK, 2005, S. 9). Sie sollen auch in der Lage sein, die dabei angewendeten Strategien zu reflektieren. Darüber hinaus wird im Bereich des produktiven Gestaltens erwartet, dass die Schüler Schaubilder und Infografiken aus Tabellen erstellen können (vgl. ebd., S. 10). Voraussetzung dafür ist, dass solche diskontinuierlichen Texte auch gelesen werden können. Abiturienten sollen letztendlich zu „selbständige[m] und aktive[m] Lernen […] auch über die Schule hinaus" (ebd., S. 9) befähigt werden.

Zusammenfassend lässt sich festhalten, dass die methodischen Erwartungen der EPAs für Sozialkunde/Politik hohe Anforderungen an die Lesefähigkeit von Abiturienten stellen. In den nordrhein-westfälischen Richtlinien für die Sekundarstufe II wird der Entwicklung von Lesekompetenz ein entsprechend hoher Stellenwert beigemessen. Die dabei beschriebene Vorgehensweise des Kennenlernens, Übens und Reflektierens von verschiedenen Lesestrategien anhand unterschiedlicher fachrelevanter Textsorten entspricht den in Kapitel 4 beschriebenen Erwartungen an die Leseförderung im Unterricht außerhalb des Faches Deutsch.

Diese weitgehende Leseförderung im Fach Sozialwissenschaften ist allerdings nur für Schüler vorgesehen, die die Sekundarstufe II besuchen. Denn in der Sekundarstufe I sieht der nordrhein-westfälische Kernlehrplan zwar die Entwicklung elementarer Arbeitstechniken zur Erschließung sozialwissenschaftlicher Inhalte vor, auf die Bedeutung des Lesens hierfür wird jedoch nicht explizit hingewiesen. Dies dürfe das Bewusstsein der Fachlehrer für die Reflexion der beim Erschließen von Sachverhalten aus Texten angewendeten Lesestrategien im Unterricht nicht schärfen. Das wäre jedoch gerade im Bereich der Sekundarstufe I dringend nötig, denn die Schüler, bei denen laut der PISA-Studie die größten Leseschwierigkeiten auftreten und daher in besonderem Maße Förderung benötigen, verlassen die Schule in der Regel nach der Sekundarstufe I (vgl. Kapitel 3.1). Zugespitzt könnte man sagen, dass die Vorgaben für den sozialwissenschaftlichen Unterricht der Sekundarstufe I durch ihre Vernachlässigung der für politische Bildung unverzichtbaren Lesekompetenz ihrem Auftrag der Entwicklung mündiger Bürger, die am politisch-gesellschaftlichen Leben aktiv teilhaben können, nicht nachkommen. Aus der in dieser Arbeit dargelegten Perspektive ist Massings (2004, S. 38) Ansicht, dass der Politikunterricht nicht zur Verbesserung der Lesekompetenz beitragen müsse, nicht nur unverständlich, sondern unverantwortlich. Daher schließt sich der dringende Appell an, die Leseförderung auch in die Sekundarstufe I, nach dem Vorbild der Richtlinien der Sekundarstufe II, stärker zu integrieren. Dies gilt insbesondere für Schulformen, deren Schüler in der Regel nicht die leseförderliche Sekundarstufe II besuchen werden. Eine entsprechende Analyse der Lehrpläne von Haupt- und Realschule wäre nötig.

Nachdem nun die Bedeutung des Lesens für den sozialwissenschaftlichen Unterricht sowie der Stellenwert der Leseförderung im nordrhein-westfälischen G8-Kernlehrplan, in den Richtlinien und den EPAs untersucht wurde, wird im Folgenden erläutert, welches konkrete leseförderliche Potenzial das Fach Sozialwissenschaften hat. Dazu wird zunächst auf die Methode Textanalyse eingegangen.

5.2.3 Die Textanalyse

Auf die Bedeutung der Bearbeitung von Texten für den sozialwissenschaftlichen Unterricht wurde in den voranstehenden Kapiteln hingewiesen. Die dabei zentrale Methode der Textanalyse (vgl. Eichner, 2007, S. 13) sei, so Massing (2004, S. 40), in der Politikdidaktik bislang jedoch vernachlässigt worden. In diesem Kapitel wird zunächst auf das Ziel und die sich daraus ergebenden Probleme der Textanalyse im Fach Sozialwissenschaft eingegangen (Kapitel 5.2.3.1). Darauf aufbauend wird der Dreischritt der politikdidaktischen Hermeneutik vorgestellt. Dabei wird das leseförderliche Potenzial der Textanalyse deutlich werden (Kapitel 5.2.3.2). Anschließend werden zwei konkrete Methoden aufgezeigt, mit denen Lesestrategien im Rahmen der hermeneutischen Textanalyse geübt werden können (Kapitel 5.2.3.3).

5.2.3.1 Die Rekonstruktion von Realität als Leseziel im Fach Sozialwissenschaften

Texte bieten oftmals die einzige Möglichkeit, politische Realität in den Unterricht zu transportieren (vgl. Kapitel 5.2.1). Ziel des Lesens im sozialwissenschaftlichen Unterricht sei daher die „Rekonstruktion politischer Wirklichkeit aus Quellen" (Weißeno, 1997, S. 432). Aus der Beschreibung des hermeneutischen Zirkels in Kapitel 2.3 wurde jedoch deutlich, dass das Vorhaben, Wirklichkeit aus Texten zu rekonstruieren, nicht unproblematisch ist. Texte zeigen demnach „nie die Wirklichkeit, da eine Quelle in jedem Fall auch anderes enthält als die beschriebene Wirklichkeit" (ebd., S. 435). Diese wird durch sogenannte Filter verzerrt. Beim Lesen von Texten im Unterricht wirken drei Filter.

Erstens stellt jeder Text eine „eigene Welt" dar, die durch „die Wertorientierung, Perspektive, Auswahl [und] Erfahrung des Autors" (ebd., S. 434) geprägt ist. In einem Text erscheint die Welt also nicht so wie sie ist, sondern so wie der Autor sie sieht – oder wie der Autor will, dass der Leser sie erkennt. Daher muss bei der Textinterpretation immer berücksichtigt werden, „wer […] was zu wem, warum, wie und mit welchem Effekt" (Massing, 2004, S. 37) sagt. Die Beantwortung dieser in der sogenannten Laswell-Formel zusammengefassten Leitfragen hilft, den Ursprung und beabsichtigten Zweck einer Quelle zu überprüfen. Um das Ziel der Rekonstruktion von Realität zu erreichen, ist dieses Hinterfragen der Herkunft eines Textes, die Quellenkritik, unbedingt nötig.

Bei diesem Überprüfen des Wirklichkeitsgehaltes einer Quelle bringen die Schüler die im Text enthaltenen Informationen mit ihrem Vorwissen in Verbindung. Jeder Schüler habe jedoch, so Weißeno (1997, S. 433), seine eigenen Vorstellungen und Wahrnehmungen der Realität und schätzt daher den Realitätsgehalt einer Quelle anders ein. Damit stellen die individuellen Voraussetzungen, insbesondere das Vorwissen und die subjektiven Erfahrungen, einen zweiten Filter dar: Leser erkennen Dinge nur dann als der Wirklichkeit entsprechend an, wenn sie in die bestehenden Wissensstrukturen eingebaut werden können. Weißeno (ebd.) hält daher fest, dass es für den Unterricht wichtig sei, politische Wirklichkeit durch gemeinsamen Erfahrungs- und Wissensaustausch zu konstruieren. Dies fordert von den Schülern die im kulturwissenschaftlichen Lesekompetenzkonzept enthaltene Fähigkeit zur Anschlusskommunikation über Gelesenes.

Neben dem Autor des Textes und dem Rezipienten wirkt beim Lesen im Unterricht ein dritter realitätsverzerrender Filter. Der Lehrer beeinflusst durch seine didaktischen Entscheidungen, welche Texte überhaupt in den Unterricht gelangen (vgl. Massing, 2004, S. 44). Entsprechend des Kontroversitätsgebots des Beutelsbacher Konsens darf der Lehrer gesellschaftliche Situationen jedoch nicht einseitig darstellen, sondern was „in Wissenschaft und Politik kontrovers ist, muß auch im Unterricht kontrovers erscheinen." Wenn hingegen „unterschiedliche Standpunkte unter den Tisch fallen, Optionen unterschlagen werden, Alternativen unerörtert bleiben, ist der Weg zur Indoktrination beschritten" (Wehling, 1977, S. 179). Der Lehrer muss also bei der Textauswahl alle in der Realität vorhandenen Standpunkte berücksichtigen. Wenn jedoch in seiner Vorstellung von Realität bestimmte Sachverhalte nicht vorhanden sind oder sie ihm uninteressant erscheinen, bedeutet dies, dass seine Schüler im Unterricht nicht der Wirklichkeit entsprechend informiert werden. Sie bauen ein nicht der Realität entsprechendes mentales Modell auf, die Konstruktion von Realität gelingt nicht. Massing (2004, S. 44) weist darüber hinaus darauf hin, dass Texte für ihre Verwendung im Unterricht häufig zu lang seien. Daher entnehmen Lehrer oftmals „lediglich wenige Versatzstücke", um den Text „für den Schulalltag handhabbar" zu machen. Problematisch daran sei, dass sich der Filtereffekt, der durch den Autor bereits im Text integriert sei, durch den kürzenden Eingriff des Lehrers verdopple: „Die Konstruktion der Realität durch den Text wird durch die Kürzung […] erneut konstruiert" (ebd.). Als Konsequenz sollten Texte nach Möglichkeit in ihrer Originalfassung verwendet werden. Falls dies nicht möglich ist, müssten Aussagen in der gekürzten Version immer in ihrem Zusammenhang erhalten bleiben.

Durch die Verknüpfung der „Welten" dieser drei realitätsfilternden Instanzen Autor, Leser und Lehrer ergeben sich aus jedem Text, so Weißeno (1997, S. 434), „eine Vielzahl von Deutungen und Interpretationen". Die inhaltliche Komplexität wird darüber hinaus dadurch erhöht, dass der Lehrer zum Umgehen des ersten Filters und zur Gewährleistung der Kontroversität möglichst mehrere Texte mit unterschiedlichen Perspektiven in den Unterricht einbeziehen sollte. Dies stelle hohe Anforderungen an Schüler, denen man „nur mit angemessener Methodik" (ebd.) begegnen könne.

In der fachdidaktischen Literatur wird zur Bewältigung dieser Anforderungen bei der Rekonstruktion von Realität weit verbreitet (bspw. Eichner, 2007, S. 13; Kuhn, 2007, S. 517ff; Weißeno, 1997, S. 438ff; Weißeno, 2002, S. 190f) der methodische Unterrichtsgang vom Verstehen über das Auslegen zum Beurteilen eines Textes vorgeschlagen. Diese von Kuhn (2007, S. 518) als „politikdidaktische Hermeneutik" bezeichnete Schrittabfolge wird im folgenden Kapitel genauer untersucht.

5.2.3.2 Dreischritt der politikdidaktischen Hermeneutik

Die hermeneutische Quelleninterpretation hat das Ziel, eine „Quelle in ihren […] Beziehungen zu allgemeinen Strukturen der Wirklichkeit" (Weißeno, 1997, S. 438) auszulegen und zu verstehen. Dabei tritt der Interpret in ein reflexives Verhältnis zu seiner Wahrnehmung der Realität, er vergleicht diese mit den Informationen, die die Quelle anbietet. Auf diese Weise versucht er einerseits den Realitätsgehalt des Textes zu beurteilen, andererseits kann er so neue Erkenntnisse erlangen (vgl. ebd.). Der Dreischritt hilft, die oben erläuterten kontroversen Wahrnehmungen und Deutungen der Wirklichkeit zu erschließen. Dieses Textanalyseverfahren läuft in drei Schritten ab, die „nahezu zwingend[er]" Bestandteil der Textarbeit im Fach Sozialwissenschaft seien (Eichner, 2007, S. 13). Daher kann am Vorgehen der politikdidaktischen Hermeneutik das lesefördernde Potenzial der Textarbeit im sozialwissenschaftlichen Unterricht untersucht werden. Richter stellt fest, dass hier ein Forschungsdefizit bestehe, der „Dreischritt [... wurde] bislang nicht ausreichend auf die Kompetenzen der Schüler[...] bezogen". Im Folgenden wird daher im Rahmen der Vorstellung der einzelnen Arbeitsschritte der hermeneutischen Textanalyse versucht, die bei den einzelnen Schritten jeweils nötigen Lesefähigkeiten herauszuarbeiten. Als Folie dienen dazu die Skalen der PISA-Studie (vgl. Kapitel 3.1.1.2).

Der erste Schritt der hermeneutischen Quelleninterpretation wird als *Verstehen* bezeichnet. Dabei muss der Text zunächst intensiv gelesen werden. Insbesondere bei Schülern, die in der Textanalyse weniger geübt sind, scheint es sinnvoll zu sein, das Lesen über erschließende Leitfragen oder durch die Vorgabe konkreter Arbeitsschritte zu unterstützen.[34] Nach dem Lesen erfolgt die Rekonstruktion des Sinngehalts. Das heißt, dass die Schüler unterschiedliche Lesarten des Textes erkennen und reflektieren sollen. Dies kann beispielsweise dadurch erfolgen, dass Schüler ihre individuelle Lesart des Textes im Plenum vorstellen. Dies verdeutlicht den Schülern den eigenen Standpunkt zur Quelle in Relation zu anderen Positionen. Auf dieser Grundlage erfolgt die „gemeinsame Erarbeitung der thematischen Struktur der Quelle" (Weißeno, 1997, S. 439). Dies kann beispielsweise durch das gemeinsame Suchen von zusammenfassenden Formulierungen wie Überschriften oder Oberbegriffen geleistet werden (vgl. ebd., S. 440). Welche Fähigkeiten im Bereich des Lesens benötigen die

---

[34] Konkrete Methoden zur Unterstützung des Leseprozesses werden im folgenden Kapitel 5.2.3.3 aufgezeigt.

Schüler, um diese Anforderungen zu bewältigen? Sie müssen zunächst in der Phase des intensiven Lesens ein allgemeines Verständnis bzgl. des ganzen Textes aufbauen (PISA-Skala 1). Für das darauffolgende gemeinsame Finden von Überschriften für einzelne Textabschnitte ist zudem Ermitteln von Einzelinformationen aus dem Text erforderlich (Skala 2). Um darüber hinaus die thematische Struktur des Textes zu erkennen muss der Leser auch Beziehungen zwischen den Textteilen herstellen (Skala 3). Damit werden in diesem ersten Schritt der hermeneutischen Quelleninterpretation alle im theoretischen Konstrukt von PISA unterschiedenen Teilkompetenzen des Lesens benötigt, die sich auf die Nutzung textinterner Informationen beschränken.

Im zweiten Schritt, der *reflektierenden Interpretation*, werden Vergleichshorizonte an den Text angelegt. Diese können beispielsweise auf Gedankenexperimenten oder hypothetischen Vorstellungen der Schüler, auf deren Erfahrungsbasis oder empirischen Fakten beruhen. Dadurch arbeiten sich die Schüler sukzessive in das Thema des Textes ein, wobei der „Rahmen, innerhalb dessen die Themen bearbeitet werden, immer dichter, komplexer und konturierter herausgearbeitet wird" (Weißeno, 2002, S. 191). Wichtig hierbei sind das Gespräch und die Reflexion über die erarbeiteten Wissensbestände. Um diese Aufgaben bewältigen zu können, benötigen Schüler die bei PISA in der Skala 4 beschriebene Fähigkeit: Sie müssen externes Wissen über den Inhalt des Textes heranziehen und anhand dessen über den Text reflektieren. Außerdem müssen sie beim Heranziehen von Informationen aus Zusatztexten auch in dieser Phase die Lesekompetenzen der Skalen 1 bis 3 anwenden. Kuhn (2007, S. 518) weist darauf hin, dass die Schüler bei dieser Aufgabe auch die Textart reflektieren müssen: Stammen die herangezogenen Informationen aus einer fundierten Statistik oder aus einem provokativen politischen Kommentar? An welchen

Merkmalen kann man sich bei der Frage orientieren, ob eine Quelle eher als verlässlich eingeschätzt werden kann oder ob sie mit Vorsicht zu genießen ist? Anders gesagt: Die Schüler müssen die Struktur des Textes reflektieren können, was der fünften Skala des PISA-Konstrukts entspricht.

Der dritte Schritt der politikdidaktischen Hermeneutik, die *Anwendung*, geht über die eigentliche Textanalyse hinaus. Er knüpft an die reale politische Umwelt an, deren Konstruktion Ziel der Textanalyse war – auf der Grundlage der erarbeiteten Informationen sollen die Schüler zu „kompetente[m] und verantwortliche[m] Handeln" (Weißeno, 2002, S. 191) befähigt werden. Damit wird das Ziel der politischen Handlungsfähigkeit des Faches Sozialwissenschaften (vgl. MfSW, 2007b, S. 16; MfSW, 1999, S. XIII; KMK, 2005, S. 10) in die politikdidaktische Hermeneutik integriert. Methodisch ist dies beispielsweise durch simuliertes Rollenhandeln oder Planspiele möglich. Damit wird die Handlungsorientierung, deren Verlust die Kritiker von Textarbeit bei der Textinterpretation befürchten (vgl. Kapitel 5.2.1), in den textbasierten Unterricht integriert.

Theoretisch lässt sich die hermeneutische Textanalyse leicht in die beschriebenen drei Phasen differenzieren. Kuhn (2007, S. 517) weist jedoch darauf hin, dass die praktische Trennung der Schritte sehr anspruchsvoll sei, da sie ein hohes Abstraktionsniveau von den Schülern fordert. Das so gestaltete Lesen von Fachtexten erfordere vom Schüler „mehr Aufmerksamkeit beim Lesen, eine höhere Behaltensrate und eine sinnvollere Verarbeitung der Leseergebnisse" (ebd.) als das unterhaltende Lesen. In der Literatur werden verschiedene Methoden beschrieben, die die einzelnen Phasen der hermeneutischen Textinterpretation gezielt fördern. Diese beziehen sich meist auf das Intensivieren des Arbeitsschrittes des Verstehens. Dabei wird der Lesende entweder in der Abfolge seiner Arbeitsschritte unterstützt (bspw. die im Folgenden behandelte SQ3R-Methode) oder ihm werden Leitfragen ausgehändigt, anhand derer der Inhalt einfacher zu erschließen ist. Im folgenden Kapitel werden knapp die Methode der Erschließungsfragen sowie die SQ3R-Vorgehensweise skizziert.

5.2.3.3 Konkrete Methoden zur Förderung von Lesekompetenz

Lehrer können Schülern das Erschließen von Texten erleichtern, indem sie „anhand der als wichtig erachteten Inhalte Leseziele" in Form von Erschließungsfragen formulieren. Durch diese können Leser das „inhaltlich Relevante von eher unwichtigen Bestandteilen des Textes" (Eichner, 2007, S. 17) leichter unterscheiden. Diesen Leitfragen liegt wiederum die Entscheidung des Lehrers zugrunde, was wichtig und was unwichtig ist. Das heißt, auch hier wirkt wieder der dritte Filtereffekt. Um mit den Erschließungsfragen jedoch tatsächlich alles politisch Relevante eines Textes zu erfassen, schlägt Eichner (ebd.) vor, diese an den Dimensionen des Politischen zu orientieren.[35] Kuhn (2007, S. 515) ergänzt, dass diesbezüglich auch eine Orientierung am Politikzyklusmodell möglich ist. Die Erschließungsfragen müssen je nach Lernziel der Unterrichtseinheit und Inhalt des Textes variiert werden (vgl. Eichner, 2007, S. 17). Das heißt, es gibt keinen festgelegten Weg einer erfolgreichen Textanalyse über feststehende, auf alle Texte anwendbare Leitfragen. Ziel einer entsprechenden Leseförderung, zumindest ab der Sekundarstufe II, müsse entsprechend der nordrhein-westfälischen Richtlinien sein, dass Schüler die erschließenden Leitfragen selbst finden können (vgl. MfSW, 1999, S. 32). Dazu ist eine Reflexion der Leitfragen im Unterricht nötig. Für konkrete Arbeitsphasen bei

---

[35] Ein Beispiel für Erschließungsfragen für Zeitungstexte, die sich an den Dimensionen des Politischen orientieren ist in Anhang 6 zu finden.

der Beantwortung von Erschließungsfragen sei auf die 4-Stufen-Methode zur Bearbeitung von Texten hingewiesen (vgl. Massing, 2004, S. 47).

Die SQ3R-Methode nennt konkrete Arbeitsschritte beim Erschließen eines Textes, an denen sich ein Leser orientieren kann. Dabei werden fünf aufeinander aufbauende Phasen des Lesens unterschieden. In der ersten Phase verschafft sich der Leser einen Überblick über die Thematik des Textes („Survey"-Phase). Anschließend entwickelt er in der „Question"-Phase Leseziele, „auf die der Text nach Antworten untersucht werden soll" (Eichner, 2007, S. 18). Hier kann die oben skizzierte Methode der Erschließungsfragen zum Einsatz kommen. Im dritten Arbeitsschritt („Read") wird der Text gelesen. Dabei sollen Antworten auf die Leifragen notiert werden, die in der anschließenden „Recite"-Phase in eigenen Worten formuliert werden. Abschließend werden in der „Review"-Phase die erarbeiteten Antworten wiederholt und zusammengefasst. Dieser letzte Schritt „dient der Verankerung der Arbeitsergebnisse im Gedächtnis des Lernenden" (ebd.). Durch dieses Vorgehen wird dem Leser eine Lesestrategie vorgegeben, die zu einem tieferen Verständnis eines Textes führen soll. Diese SQ3R-Methode ist jedoch nicht speziell auf den sozialwissenschaftlichen Unterricht zugeschnitten, sondern sie eignet sich allgemein zum Erschließen von Texten. Sie unterstützt aber den in der hermeneutischen Quellenanalyse wichtigen ersten Schritt des intensiven Lesens einer Quelle und ist somit für die Leseförderung im Fach Sozialwissenschaften von Bedeutung.

Zusammenfassend lässt sich festhalten, dass mit der Vorgehensweise der hermeneutischen Textinterpretation alle fünf bei PISA vorkommenden Teilbereiche des Lesens geübt werden. Der Schüler muss ein allgemeines Textverständnis entwickeln (Skala I), einzelne Informationen aus Texten entnehmen (Skala II) und diese in Beziehung setzen können (Skala III).

Diese Fähigkeiten werden insbesondere in der Arbeitsphase *Verstehen* benötigt. Sie spielen auch in der zweiten Phase, der *reflektierenden Interpretation*, eine Rolle. Zentral ist hierbei jedoch die Fähigkeit, über Inhalte eines Textes reflektieren zu können (Skala IV). Auch das Reflektieren über die Struktur des Textes (Skala V) wird, wenn auch nicht in dem Maße wie die anderen Teilfähigkeiten des Lesens, einbezogen.

Nicht berücksichtigt wurde bei den bisherigen Ausführungen, auf welchem Kompetenzniveau die einzelnen Teilfähigkeiten benötigt werden. Es wäre interessant, dies beispielsweise anhand einer Schulbuchanalyse zu überprüfen. Man könnte die darin enthaltenen Arbeitsaufgaben anhand der bei PISA berücksichtigten schwierigkeitsgenerierenden Merkmale Entscheidungsspielraum, Präzision und Integrationsgrad (vgl. Kapitel 3.1.1.2) bewerten. Durch die Handlungsorientierung in der dritten Arbeitsphase kann der Textarbeit bei diesem Vorgehen auch keine Verkopftheit vorgeworfen werden. Es wurde darüber hinaus aufgezeigt, dass es geeignete Methoden gibt, mit denen das Lesestrategiewissen, das bei der Anwendung der politikdidaktischen Hermeneutik benötigt wird, geübt werden kann.[36] Abschließend ist nochmals darauf hinzuweisen, dass die Reflexion der angewendeten Lesestrategien von entscheidender Bedeutung dafür ist, ob das leseförderliche Potenzial der hermeneutischen Textinterpretation im sozialwissenschaftlichen Unterricht genutzt wird.

---

[36] Eine über die SQ3R-Methode und die Erschließungsfragen hinausgehende, breitere Methodenauswahl ist beispielsweise bei Eichner (2007) und Frauen (2007) zu finden.

5.2.4 Probleme bei Leseaufgaben im sozialwissenschaftlichen Unterricht

Eichner (2007, S. 14ff) weist auf drei Probleme hin, die bei der Textarbeit im sozialwissenschaftlichen Unterricht auftreten können: Das Zeit-, das Unlust- und das Technik-Problem. Unter Berufung auf Werder und Schule (1999) beschreibt er konkrete lesefördernde Methoden, mit denen auf diese Probleme im Fach Sozialwissenschaften reagiert werden kann.

Im Rahmen des *Technik-Problems* beschreibt Eichner, dass Schüler oft nicht wissen, wie sie an das Bearbeiten eines Textes herangehen sollen. So stelle beispielsweise bereits das Unterstreichen wichtiger Textpassagen ein „erhebliches Problem" dar, ein „von Schülern bearbeiteter Text [weist] häufig zu viele Unterstreichungen auf […], wodurch die so erfasste Detailfülle die Grundstruktur sowie den inhaltlichen Kern des Textes verdeckt" (ebd., S. 16). Daher müsse das effiziente Lesen im Unterricht durch geeignete Lesestrategien geübt werden. Konkrete Maßnahmen hierzu, beispielsweise die SQ3R-Methode und die Erschließungsfragen, wurden in Kapitel 5.2.3 aufgezeigt.

Das Bearbeiten von Texten habe fast immer eine „Verlangsamung des Unterrichts" zur Folge, denn für das oben beschriebene intensive Lesen muss den Schülern ausreichend Zeit zur Verfügung gestellt werden. Da die Unterrichtszeit jedoch knapp bemessen sei, spricht Eichner von einem *Zeitproblem*. Als ein weiteres Ziel sollte die Leseförderung daher eine Erhöhung der Lesegeschwindigkeit der Schüler anstreben. Hierzu könne, so Eichner (ebd., S. 14), einerseits die konkrete Lesetechnik der Schüler optimiert werden, beispielsweise solle der Lernende „nicht Wort für Wort, sondern ganze Wortgruppen, Zeilen und letztendlich ganze Absätze überfliegend lesen" (ebd., S. 15) oder „das innere Sprechen beim Lesen […]

unterlassen (ebd., S. 14). Andererseits solle das schnellere Einlesen der Schüler an längeren Texten trainiert werden. Sie sollen beispielsweise das Inhaltsverzeichnis, das Vorwort oder Überschriften dazu nutzen lernen, einen schnelleren Überblick über den Text zu erlangen. Dieses Ziel darf jedoch nicht dem des intensiven Textverstehens übergeordnet werden.

Die Lesemotivation von Lehrern und Schülern sei, so unterstellt Eichner (ebd., S. 15), grundlegend anders. Während Lehrer durch ihr Interesse an sozialwissenschaftlichen Inhalten intrinsisch motiviert seien, sei die Motivation der Schüler extrinsisch. Politische Inhalte erscheinen ihnen von ihrer Lebenswelt weit entfernt. Das Leseinteresse beruhe in der Zwangssituation auf dem Interesse des Erzielens guter Noten. In dieser extrinsischen Motivation drücke sich „die negative Wertkomponente aus, einen Text nicht gerne lesen zu wollen" (ebd.). Dies bezeichnet Eichner als *Unlust-Problem*. Daher sollte im sozialwissenschaftlichen Unterricht immer auch die Bedeutung der politischen Inhalte für das alltägliche Leben aufgezeigt werden. Außerdem könne man durch Methoden, die die „lustbetonte Leseerfahrung" fördern (beispielweise Lücken- oder Unsinnstexte[37]; vgl. ebd., S. 16), Mitsprache der Schüler bei der Themenauswahl oder produktorientierte Verfahren (beispielsweise das Schreiben eines fiktiven Interviews auf der Grundlage eines gelesenen Zeitungsartikels; vgl. ebd.) gegen das Unlust-Problem angehen.

Durch den Einsatz der aufgezeigten Methoden, mit denen diesen drei Problemen begegnet werden kann, können mehrere Aspekte der Lesekompetenz gefördert werden. Während gegen das Unlust-Problem lesemotivati-

---

[37] Bei sogenannten Unsinnstexten werden Schlüsselbegriffe des Textes durch aus dem Zusammenhang gerissene beliebige andere Wörter ersetzt (vgl. Eichner, 2007, S. 16). Diese Methode zielt darauf ab, dass der Leser durch den entstehenden „Unsinn" einerseits erheitert wird, er sich andererseits aber auch intensiv mit dem Text auseinandersetzen muss, um die ersetzten Schüsselwörter wieder zu erschließen.

onsfördernde Maßnahmen eingesetzt werden können, knüpfen die methodischen Vorschläge Eichners zur Bekämpfung des Zeit- und Technik-Problems an die Vermittlung von Lesetechniken bzw. Lesestrategiewissen an.

Alle in diesem Kapitel genannten lesefördernden Maßnahmen sind jedoch nicht spezifisch für das Fach Sozialwissenschaft. Zwar wurde gezeigt, dass der sozialwissenschaftliche Unterricht im Rahmen der Lesekompetenz-vermittlung, insbesondere beim Erwerb von Lesestrategiewissen, eine wichtige Rolle spielen kann, aber die dabei genannten Aspekte können prinzipiell auch von anderen Fächern geleistet werden. Im folgenden, abschließenden Kapitel wird daher der Frage nachgegangen, ob es eine typisch sozialwissenschaftliche Lesekompetenz, eine Political Reading Literacy gibt.

5.2.5 Gibt es eine Political Reading Literacy?

Aus den bisherigen Ausführungen in diesem Kapitel 5 wurde deutlich, dass im Fach Deutsch das Lesen literarischer Texte im Vordergrund steht, während im sozialwissenschaftlichen Unterricht primär Sachtexte behandelt werden. Bei den Sachtexten spielen sowohl kontinuierliche als auch diskontinuierliche Texte eine Rolle. Artelt und Schlagmüller (2004, S. 174) untersuchten in ihren erweiterten Auswertungen der PISA-Ergebnisse die Korrelation zwischen den Schülerleistungen bei literarischen Texten sowie kontinuierlichen und diskontinuierlichen Sachtexten.[38] Der Zusammenhang zwischen den Leistungen bei kontinuierlichen und diskontinuierlichen Texten ist mit r = .70 deutlich höher als der zwischen den Leistungen

---

[38] Zur Korrelation zwischen den Leseleistungen bei unterschiedlichen Textsorten nach PISA vgl. Anhang 7.

bei literarischen Texten und beiden Formen von Sachtexten mit r = .55 bzw. r = .54. Damit ist die Korrelation zwischen den Leseleistungen bei Sach- und literarischen Texten deutlich geringer als der zwischen den PISA-Gesamtscores von Lese- und mathematischen Leistungen (r = .69). Daher kommen Artelt und Schlagmüller zu dem Schluss, dass zum Lesen von Sachtexten andere Kompetenzen benötigt werden als zum Lesen von literarischen Texten. Die im Deutschunterricht behandelten literarischen Texte sollten daher als ein von Sachtexten getrennt zu sehender „separate[r] Teilaspekt der Lesekompetenz verstanden werden" (ebd., S. 179). Anders ausgedrückt: Im Deutsch- und im sozialwissenschaftlichen Unterricht werden unterschiedliche Aspekte der Lesekompetenz geübt.

Allerdings spielen Sachtexte nicht nur im Fach Sozialwissenschaften eine große Rolle – es wurde bereits darauf hingewiesen, dass die Analyse von Sachtexten auch Bestandteil des Unterrichts anderer Fächer ist. Entsprechend können die oben skizzierten Methoden zu Leseförderung von Sachtexten auch in anderen Fächern Anwendung finden, sie sind nicht einzig charakteristisch für das Fach Sozialwissenschaften. Reichen aber die beispielsweise im Geschichtsunterricht zu übenden Textanalysefähigkeiten aus, um sozialwissenschaftliche Texte angemessen zu bearbeiten? Anders gefragt: Gibt es eine spezifisch sozialwissenschaftliche Lesekompetenz, deren Vermittlung einzig dieses Fach betreiben kann? Bislang hat sich die Forschung bei der Beantwortung dieser Frage zurückgehalten, einzig Richter (2006) versucht ein Modell politischer Lesekompetenz zu entwerfen. Dieses Konzept wird im Folgenden vorgestellt. Dabei wird auf einige offene Forschungsfragen hingewiesen.[39]

---

[39] Eine schematische Darstellung des Konzeptes zur politischen Lesekompetenz von Richter (2006) ist in Anhang 8 zu finden.

In der Leseforschung bestehe, so Richter (2006, S. 59), Konsens über die Annahme, dass sich Lesekompetenz darin zeige, dass ein Leser flexibel verschiedene Lesestrategien anwenden kann. In Kapitel 4.1 wurde Lesestrategiewissen unter Berufung auf Spinner (2004, S. 131) definiert als Fähigkeit, das eigene Lesen „funktional im Hinblick auf den jeweiligen Zweck und die Art des Textes zu steuern." Entsprechend formuliert Richter (2006, S. 63) politische Lesekompetenz als die Fähigkeit, eine „politische Textsorte und Lesestrategie mit dem Leseziel bzw. Leseinteresse in Übereinstimmung bringen zu können und das Politische entsprechend der Textsorte adäquat einzuschätzen." Die Strategien politischer Lesekompetenz basieren demnach erstens auf der zugrunde liegenden Textsorte, zweitens auf hermeneutischen Kompetenzen, mit denen das Politische adäquat eingeschätzt werden kann, was wiederum, wie in Kapitel 5.2.3 aufgezeigt wurde, drittens kognitive Strukturen voraussetzt, mit denen die Domäne Politik identifiziert werden kann.

Ein erster konkreter Arbeitsschritt zur Identifizierung von politischen Lesestrategien müsse darin bestehen, politisch relevante Textsorten zu unterscheiden (vgl. ebd.). Richter (2006, S. 60) nennt diesbezüglich vier Beispiele: Die Reportage, der Kommentar, die politische Biografie sowie allgemein Texte, die Konflikte thematisieren. Bislang seien die im Politikunterricht verwendeten Textsorten allerdings noch nicht ausreichend systematisiert worden – hier bestehe ein erstes Forschungsdefizit. Im zweiten Arbeitsschritt müssen den Textsorten Lesestrategien zugeordnet werden. Richters These ist, dass für verschiedene Textsorten auch verschiedene Lesestrategien nötig sind. Dies sei bzgl. kontinuierlicher und diskontinuierlicher Texte offensichtlich, die Unterscheidung der bei „Formularen, Gesetzestexten, offenen Briefen und wissenschaftlichen Texten" (ebd., S. 59) nötigen Lesestrategien sei jedoch schwieriger.

Diesbezüglich bestehe ein zweites Forschungsdefizit: Sobald die relevanten Textsorten identifiziert seien, müsse man entsprechende Lesestrategien zuordnen. Auch hier nennt Richter Beispiele. So müsse der Leser eines Kommentars Bewertungen des Autors herausfiltern, deren Betonungen oder gerade auch das Weglassen von Informationen berücksichtigen. Das Ziel des Lesens sei hier die Reflexion von Werten. Bei Reportagen hingegen sei die Konzeptbildung oder -aktualisierung Leseziel. Es gehe darum, einen Text mit „fachwissenschaftlichen Konzepten, Modellen etc." auszulegen. Dabei gehe es nicht wie beim Kommentar um Wertereflexion, sondern um ein wissensbasiertes, sachorientiertes Vorgehen (vgl. ebd., S. 60). Ziel des Lesens einer politischen Biografie sei der Vergleich der dargebotenen Informationen mit eigenem Weltwissen oder die Perspektivübernahme, beim Lesen von Texten, in denen Konflikte dargestellt werden, müsse der Leser Hypothesen zur Lösung bilden. Die Forschung dürfe sich jedoch nicht auf die Systematisierung von Lesestrategien beschränken, sondern einige weitere Fragen seien hierbei zu klären: Welche Textarten können ab welcher Klasse eingesetzt werden? Wie können die entsprechenden Lesestrategien gezielt geübt werden? Wo sind typische Fehlerquellen bei Schülern? Wie lassen sich diese diagnostizieren?

Bei der Bearbeitung von Texten im Sinne einer politischen Lesekompetenz reiche „'gründliches Lesen' der Texte allein nicht" (ebd., S. 56) aus. Es gehe immer um die Rekonstruktion des politischen Wirklichkeitsgehalts eines Textes. Der diesbezüglich typische hermeneutische Dreischritt der Textanalyse wurde in Kapitel 5.2.4 erläutert. Hier bestehe allerdings ein weiteres Forschungsdefizit, die einzelnen Arbeitsschritte des Dreischritts seien bislang nicht in ausreichendem Maße auf die benötigten Kompetenzen untersucht worden. Im Rahmen dieser Arbeit wurden zumindest die nötigen Teilkompetenzen des Lesens auf die Arbeitsphasen bezogen. Dies bezieht sich allerdings primär (durch die Skalen 1 bis 3) auf die Mikrokompetenzen, die das textimmanente Lesen beschreiben. Darüber hinaus fordert Richter allerdings die Identifikation von Makrokompetenzen (vgl. ebd., S. 61), die den Kontext des Textes miteinbeziehen. Dieser „Denkbewegung von Detail [des einzelnen Textes] auf das [kontextuelle] Ganze und wieder zurück vom Ganzen auf das Detail" (ebd.) sei bei der politischen Lesekompetenz unerlässlich. So müsse beispielsweise beim Lesen eines Zeitungsartikels immer berücksichtigt werden, in welcher Zeitung, in welchem Ressort etc. der Text erschienen ist. Daraus lassen sich wiederum Rückschlüsse auf den Artikel ziehen (vgl. ebd.). Während bei der Mikrokompetenz insbesondere die Strategien politischer Lesekompetenz benötigt werden, steht bei der Makrokompetenz das Vorwissen im Zentrum. Um eine Quelle einordnen zu können, müssen Analogien zwischen den Inhalten des Textes und im Gedächtnis gespeicherten kognitiven Strukturen gebildet bzw. Differenzen festgestellt werden. Um das Politische in Texten zu erschließen sei es hilfreich, das Gelesene auf „der Basis der politischen Dimensionen polity […], policy […] und politics […] sowie der Schlüsselkonzepte wie Gerechtigkeit, Solidarität oder Freiheit" (ebd., S. 62) zu interpretieren. Die dazu nötigen kognitiven Strukturen stellen die Grundlage für politischen Wissensaufbau und Quellenkritik dar.

Davon ausgehend, dass das sozialwissenschaftliche Textverstehen ganz spezifische Kompetenzen, insbesondere typische Lesestrategien benötigt, die in anderen Fächern so nicht vermittelt werden, sieht Richter die Notwendigkeit der Definition einer politischen Lesekompetenz. Sie versucht eine solche über die Bestimmung von politisch relevanten Textsorten und der Zuordnung von entsprechenden Lesestrategien zu erreichen. Allerdings ist dies derzeit der einzige diesbezügliche Ansatz, bei dem, wie gezeigt wurde, etliche Fragen offen stehen. An dieser Stelle besteht dringender Forschungsbedarf, denn aufgrund der hohen Bedeutung von Texten für die Erschließung des Politischen und der unzureichenden Lesekompetenz von vielen Schülern an deutschen Schulen, muss das Fach dafür Sorge tragen, dass Schüler die notwendigen Lesekompetenzen auch entwickeln. Dazu muss die Forschung jedoch zunächst klären, welche Fähigkeiten es denn überhaupt sind, die als spezifisch für das sozialwissenschaftliche Lesen bezeichnet werden können.

6. Ergebnis

In dieser Studie wurde der Frage nachgegangen, wie eine erfolgreiche schulische Leseförderung im Allgemeinen aussehen könnte und welche Rolle der sozialwissenschaftliche Unterricht im Speziellen dabei einnehmen kann oder gar einnehmen muss. Dazu wurde zunächst in Kapitel 1 herausgestellt, dass Lesen in der Mediengesellschaft keinesfalls antiquiert ist, sondern dass der Lesekompetenz heute mehr Bedeutung denn je zukommt. Das Lesen als Schlüsselkompetenz ist als Voraussetzung für gesellschaftliche Teilhabe zu erachten. In Kapitel 2 wurden mit der Beschreibung des Leseprozesses unter kognitionspsychologischer Perspektive die Grundlagen für das Verständnis des in Kapitel 3.1 vorgestellten Literacy-Konzeptes zur Lesekompetenz gelegt. Dieses beschreibt Lesekompetenz als ein Kulturwerkzeug, dessen angemessener Einsatz in variablen Situationen für eine befriedigende Lebensführung beherrscht werden muss. Konkretisiert wurde das Literacy-Konzept durch die Beschreibung des theoretischen Konstrukts der PISA-Studie. Als zweites Lesekompetenzmodell wurde in Kapitel 3.2 das kulturwissenschaftliche Konzept vorgestellt. Dieses rückt die sprachlich-ästhetische Erfahrung, die Lesemotivation und die emotionale Teilhabe beim Lesen in den Mittelpunkt. Mit der Lesesozialisationsforschung wurde ein Forschungsbereich vorgestellt, dem dieses kulturwissenschaftliche Konzept zugrunde liegt. In Kapitel 3 wurde gezeigt, dass insbesondere in der Sekundarstufe I ein Leseknick festzustellen ist und eine Reform der Leseförderung zwingend notwendig ist. Aus den Ergebnissen der Lesesozialisationsforschung und der PISA-Studie wurden Ansatzpunkte für eine solche Reform ersichtlich.

Diese Ansatzpunkte wurden in Kapitel 4 zu einer Idee für die Gestaltung einer erfolgreichen schulischen Leseförderung zusammengeführt. Demnach hat der Deutschunterricht die Aufgabe, auf der Basis altersgerechter literarischer Texte, die die Schüler ansprechen, Lesemotivation zu schaffen. Außerdem sollen hier die in den authentischen Lesesituationen anderer Fächer erworbenen Lesestrategien zusammengeführt und reflektiert werden. Diese Idee bezieht sich also nicht nur auf den Deutschunterricht, sondern sie nimmt alle Fächer, in denen das Lesen eine Rolle spielt, in die Pflicht.

In Kapitel 5 wurde untersucht, welche Bedeutung den Fächern Deutsch und Sozialwissenschaften bei der Lesekompetenzvermittlung zukommt. Aus der Analyse und Kommentierung der Vorgaben des nordrhein-westfälischen Kernlehrplans und der Richtlinien sowie der Bildungsstandards und EPAs der beiden Fächer wurde deutlich, dass dem Deutschunterricht eher das kulturwissenschaftliche Konzept zugrunde liegt, während im sozialwissenschaftlichen Unterricht, zumindest in den Vorgaben für die Sekundarstufe II, Leseförderung im Sinne des Literacy-Konzeptes vorgesehen ist. Darüber hinaus wurde ersichtlich, dass Leseförderung in den Vorgaben des Faches Sozialwissenschaften für die Sekundarstufe I vernachlässigt wird.

Das in diesem Fach steckende leseförderliche Potenzial wurde intensiver untersucht. Dazu wurde zunächst die allgemeine Bedeutung von Texten zur Erschließung sozialwissenschaftlicher Inhalte herausgestellt. Daran anschließend wurde erläutert, dass die Vermittlung von Lesefähigkeit unbedingt auch Aufgabe des sozialwissenschaftlichen Unterrichts sein muss – auch wenn diese Feststellung in der Fachdidaktik nicht unumstritten ist.

Die hermeneutische Textanalyse wurde als eine der zentralen Methoden der politischen Bildung (vgl. Kuhn, 2000, S. 115) vorgestellt. Bei der Beschreibung des hermeneutischen Dreischritts wurde auf die in Kapitel 2 erläuterten grundlegenden Gedanken der Hermeneutik zurückgegriffen. Die einzelnen Arbeitsphasen des Dreischritts wurden zudem in Bezug zu den Lesekompetenzskalen des PISA-Modells gesetzt. Dabei wurde deutlich, dass für eine Textanalyse alle bei PISA unterschiedenen Teilbereiche der Lesekompetenz benötigt werden. Abschließend wurde der Ansatz von Richter zur Beschreibung einer spezifisch politischen Lesekompetenz vorgestellt. Dabei wurde ersichtlich, dass es hier intensiver weiterer Forschung bedarf, die zunächst die politische Lesekompetenz definiert, um in gezielten Methoden der Förderung politischer Lesekompetenz zu münden.

Richters Ansatz halte ich für durchaus interessant. Insbesondere durch die Integration der beiden hermeneutischen Kompetenzebenen in ihrem Modell wird ein direkter Bezug zum hermeneutischen Dreischritt der sozialwissenschaftlichen Textanalyse hergestellt. Allerdings setzt Richters Ansatz auf einer sehr konkreten Ebene an, ihr Ausgangspunkt für die Erarbeitung einer politischen Lesekompetenz ist die Identifikation politisch relevanter Textsorten. Dadurch ist bereits ihr erster Schritt durch normative Entscheidungen geprägt: Welche Textsorten sollen als für die politische Bildung relevant gelten? Welche sollen nicht berücksichtigt werden? Bezieht man diese Fragen nicht nur auf die politische, sondern auf eine sozialwissenschaftliche Lesekompetenz, wird deren Beantwortung noch komplexer. So scheinen unter den Perspektiven der Disziplinen Politik, Wirtschaft und Soziologie möglicherweise andere Textsorten wichtig zu sein.

Besinnt man sich auf Richters Ziel der Bestimmung einer spezifisch politischen Lesekompetenz, die eben nur im Fach politischer Bildung ihren Platz hat und damit auch dort gezielt gefördert werden muss, zurück, so erscheint die Beantwortung einer weiteren Frage noch schwieriger: Welche Textsorten sind derart spezifisch für den Unterricht im Fach Politik, dass ihre Vermittlung dort geschehen muss? Der politische Kommentar beispielsweise? Aber ist dieser als Zeitzeugnis nicht auch im Geschichtsunterricht relevant? Das würde bedeuten, dass die Vermittlung von adäquaten Lesestrategien auch dort stattfinden könnte, es sich eben nicht um eine spezifisch sozialwissenschaftliche Lesekompetenz handeln würde.

Ich denke, dass man bei der Bestimmung einer spezifisch sozialwissenschaftlichen Lesekompetenz eine abstraktere Ebene als die Identifikation bestimmter als relevant erachteter Textsorten als Ausgangspunkt wählen sollte. Als Basis könnten beispielsweise die Ziele des Faches dienen. Man müsste klären, welche Wissensstrukturen und Fähigkeiten für diese notwendig sind und darauf aufbauend untersuchen, welche Rolle das Lesen für deren Aufbau einnehmen kann. Die Vermittlung der dazu geeigneten Lesestrategien sollte die spezifisch sozialwissenschaftliche Leseförderung definieren. Ob eine solche Herangehensweise jedoch überhaupt realistisch und zielführend wäre, müsste in einer auf der vorliegenden Studie aufbauenden Untersuchung geklärt werden.

Aus der vorliegenden Studie jedoch einzig die Forderung nach der Definition und gezielten Förderung einer singulär sozialwissenschaftlichen Lesekompetenz abzuleiten, wäre unzureichend. Vielmehr muss der Umgang der sozialwissenschaftlichen Fachdidaktik mit dem Thema Leseförderung ins Zentrum der Aufmerksamkeit gerückt werden. Einerseits scheint in der Literatur weitgehend Konsens zu herrschen, dass Texte die grundlegende Informationsquelle im sozialwissenschaftlichen Unterricht sind. Entsprechend wird der Textanalyse, als einem komplexen Vorgehen zum Erschließen eines Textes mit hohen Anforderungen an die Leseleistung, höchste Bedeutung zugesprochen (vgl. beispielsweise Eichner, 2007, S. 13). Andererseits hat beispielsweise PISA festgestellt, dass die Leseleistungen vieler Schüler unzureichend sind: Fast jeder fünfte 15-Jährige kommt über die PISA-Kompetenzstufe I nicht hinaus und ist damit nicht in der Lage, einfache Verknüpfungen zwischen Textteilen herzustellen oder simple

Schlussfolgerungen zu ziehen. Fast jeder Zweite erreicht nicht Kompetenzstufe III, was bedeutet, dass er weder genaues Verständnis eines Textes mittleren Schwierigkeitsgrades entwickeln noch Vorwissen nicht gezielt einsetzen kann (vgl. Brüsemeister, 2007, S. 108f bzw. Artelt u.a., 2004, S. 144f). Ohne diese Grundlagen ist eine hermeneutische Textanalyse, als eine, um es nochmals zu betonen, grundlegende Vorgehensweise des sozialwissenschaftlichen Unterrichts, nicht möglich. In höchstem Maße problematisch für die sozialwissenschaftliche Bildung ist die mangelhafte Leseleistung nicht einzig aufgrund der resultierenden Schwierigkeiten bei Textanalysen im Unterricht, sondern auch weil politisch-gesellschaftliche Partizipation sowie politische Urteilsfähigkeit ausreichende Lesekompetenzen zwingend voraussetzen. Dazu gehört etwa auch ein kritischer Umgang mit dem immer wichtiger werdenden politischen Akteur der Medien, wozu, wie in Kapitel 1 betont wurde, ebenso Lesekompetenz notwendig ist.

Es drängt sich die Frage auf, wie die sozialwissenschaftliche Fachdidaktik nun etwa acht Jahre nach der erstmaligen Veröffentlichung der PISA-Ergebnisse und der zweifachen Bestätigung der unzureichenden Lesefähigkeiten durch die Nachfolgestudien mit dieser kritischen Situation umgeht. Um es auf den Punkt zu bringen muss der Forschungsstand als desolat, wenn nicht gar als ignorant bezeichnet werden. Es gibt aus sozialwissenschaftlich-fachdidaktischer Perspektive nur wenige Texte, die sich ansatzweise mit der Textanalyse beschäftigen (vgl. beispielsweise Eicher, 2007 oder Massing 2004) sowie lediglich einen einzigen Text (Richter, 2006), der erste und bislang unausgereifte Überlegungen zu einer spezifisch sozialwissenschaftlichen Lesekompetenz anstellt. Erschreckend ist die Position von Massing (2004, S. 38), der feststellt, dass die Förderung von Lesekompetenz gar nicht Aufgabe des sozialwissenschaftlichen Unterrichts sei. Eine vergleichbare Haltung liegt den Bildungsstandards und dem nordrheinwestfälischen G8-Kernlehrplan Politik/Wirtschaft zugrunde: Hier wird das Lesen als Gegenstand der Förderung nicht berücksichtigt. Dies wird dem Stellenwert, der dem Lesen einerseits im sozialwissenschaftlichen Unterricht zukommt, andererseits dem politischen handlungs- und urteilsfähigen Bürger abgefordert wird, nicht gerecht. Daher ist die derzeitige Position der Fachdidaktik bzgl. der Leseförderung unverantwortlich, der sozialwissenschaftliche Unterricht muss seinen Beitrag zu Lesekompetenzentwicklung bei Heranwachsenden leisten. Wie wichtig dieser im Gesamtzusammenhang schulischer Leseförderung ist, wurde in Kapitel 4 gezeigt, Möglichkeiten und Eignung des sozialwissenschaftlichen Unterrichts zur Leseförderung wurden in den Kapiteln 5.2.3 bis 5.2.5 untersucht.

Um im Fach Sozialwissenschaften Lesekompetenz erfolgreich fördern zu können, ist allerdings ein Problembewusstsein für die unzureichenden Lesefähigkeiten vieler Schüler sowie ein Verantwortungsbewusstsein für deren Verbesserung bei den Fachlehrern nötig. Dazu sind entsprechende Kompetenzen zur Vermittlung von Lesetechniken bei Lehrern unverzichtbar. Massing (2004, S. 40) ist jedoch skeptisch, ob angehende Lehrer diese Kompetenzen derzeit in ihrem Studium erwerben können. Lediglich im Referendariat würde die Textanalyse zum Ausbildungsgegenstand erhoben. Es müsste untersucht werden, ob dieser auf die zweite Ausbildungsphase beschränkte Stellenwert der Vermittlung von Leseförderungstechniken an angehende Lehrer der Schlüsselfunktion des Lesens bei der Erschließung des Sozialwissenschaftlichen gerecht werden kann. Angesichts der desolaten Forschungslage und mangelhaften curricularen Situation bzgl. der Sekundarstufe I ist auch hier Skepsis angebracht.

Neben diesen grundsätzlichen, gravierenden Kritikpunkten sollten weitere Aspekte in der Forschung vertieft werden, die in der vorliegenden Untersuchung nicht ausreichend behandelt werden konnten. So beschränkte sich beispielsweise die Lehrplananalyse bzgl. des Lesens auf die Vorgaben für das Gymnasium und die Gesamtschule. Es wäre allerdings wichtig, diese Untersuchung auch auf die Schulformen auszuweiten, wo die Leseschwierigkeiten deutlich gravierender sind. Es müsste untersucht werden, inwieweit die Vorgaben für die Haupt- und Realschule mit den grundlegenden Prinzipien der Idee einer erfolgreichen Leseförderung übereinstimmen. Daraus könnten möglicherweise Vorschläge zur Verbesserung der Leseförderung auch in diesen Schulformen abgeleitet werden. Intensiver müsste beispielsweise auch die Vergleichbarkeit der PISA- und IGLU-Studie untersucht werden. Insbesondere müsste überprüft werden, inwieweit die leseförderlichen Ansätze der Primarstufe, wie beispielsweise die Buchausstattung, auch auf die Sekundarstufe übertragen werden können. Einen weiteren Aspekt, der in hier nicht ausreichend behandelt werden konnte, stellt die Differenzierung zwischen den Sekundarstufen I und II dar. So beziehen sich die herangezogenen empirischen Befunde zur unzureichenden Leseleistung deutscher Schüler auf die Sekundarstufe I, entsprechende Untersuchungen bzgl. der Sekundarstufe II müssten ergänzt werden. Wichtig wäre dabei auch eine Untersuchung, inwieweit sich die Idee einer erfolgreichen Leseförderung aus Kapitel 4 zwischen den Sekundarstufen unterscheiden müsste. Es wäre sehr aufschlussreich, dieser und entsprechenden weitergehenden Fragen in einer auf dieser Untersuchung aufbauenden Studie nachzugehen.

Literaturverzeichnis

ABRAHAM, Ulf/Kepser, Matthis (2005): Literaturdidaktik Deutsch. Eine Einführung, Berlin.

AL-DIBAN, Sabine (2002): Diagnose mentaler Modelle, Hamburg.

ARTELT, Cordula u.a. (2001): Lesekompetenz: Testkonzeption und Ergebnisse, in: Baumert, Jürgen u.a. (Hrsg.): PISA 2000. Basiskompetenzen von Schülerinnen und Schülern im internationalen Vergleich, Opladen, S. 69-137.

ARTELT, Cordula u.a. (2004): Die PISA-Studie zur Lesekompetenz: Überblick und weiterführende Analysen, in: Schiefele, Ulrich u.a. (Hrsg.): Struktur, Entwicklung und Förderung von Lesekompetenz. Vertiefende Analysen im Rahmen von PISA 2000, Wiesbaden, S. 137-168.

ARTELT, Cordula/Schlagmüller, Matthias (2004): Der Umgang mit literarischen Texten als Teilkompetenz im Lesen? Dimensionsanalysen und Ländervergleiche, in: Schiefele, Ulrich u.a. (Hrsg.): Struktur, Entwicklung und Förderung von Lesekompetenz. Vertiefende Analysen im Rahmen von PISA 2000, Wiesbaden, S. 169-191.

BAUMERT, Jürgen/Schümer, Gundel (2001): Familiäre Lebensverhältnisse, Bildungsbeteiligung und Kompetenzerwerb, in: ders. u.a. (Hrsg.): PISA 2000. Basiskompetenzen von Schülerinnen und Schülern im internationalen Vergleich, Opladen, S. 323-410.

BAUMERT, Jürgen u.a. (Hrsg.) (2008): Das Bildungswesen in der Bundesrepublik Deutschland. Strukturen und Entwicklungen im Überblick, Reinbek bei Hamburg.

BAUMGART, Franzörg/Lange, Ute (Hrsg.) (2006): Theorien der Schule. Erläuterungen, Texte, Arbeitsaufgaben, Bad Heilbrunn.

BECKER-MORTZEK, Michael/Böttcher, Ingrid (2006): Schreibkompetenz entwickeln und beurteilen, Berlin.

BIELSKI, Sven/Herzig, Bardo/Lischeid, Thomas (o.J.): Zum Leseverstehen von Infografiken, o.O.

BRÜSEMEISTER, Thomas (2008): Bildungssoziologie. Einführung in Perspektiven und Probleme, Wiesbaden.

EICHNER, Detlef (2007): Lesen, Markieren, Exzerpieren, in: Breit, Gotthard u.a. (Hrsg.): Methoden für den Politikunterricht II, Schwalbach/Ts., S. 13-20.

FRAUEN, Christiane u.a. (2007): Schulmanagement-Handbuch. Band 124. Lesekompetenz. Schlüsselqualifikation und Querschnittsaufgabe, München.

GFDS (Hrsg.) (o.J.): Wort des Jahres, im Internet unter url: <http://www.gfds.de/index.php?id=11>, letztes Update: unbekannt, letzte Recherche am 7.10.2008.

GROEBEN, Norbert u.a. (1999): Das Schwerpunktprogramm „Lesesozialisation in der Mediengesellschaft", in: Lesesozialisation in der Mediengesellschaft. Ein Schwerpunktprogramm, 10. Sonderheft des Internationalen Archivs für Sozialgeschichte der deutschen Literatur, Tübingen, S. 1-26.

GROEBEN, Norbert (2002): Zur konzeptionellen Struktur des Konstrukts „Lesekompetenz", in: ders./Hurrelmann, Bettina (Hrsg.): Lesekompetenz. Bedingungen, Dimensionen, Funktionen, Weinheim/München, S. 11-21.

HURRELMANN, Bettina (1994): Leseförderung, in: Praxis Deutsch, H. 127, S. 17-26.

HURRELMANN, Bettina (2002a): Leseleistung – Lesekompetenz. Folgerungen aus PISA, mit einem Plädoyer für ein didaktisches Konzept des Lesens als interkultureller Praxis, in: Praxis Deutsch, H. 176, S. 6-18.

HURRELMANN, Bettina (2002b): Sozialhistorische Rahmenbedingungen von Lesekompetenz sowie soziale und personale Einflussfaktoren, in: Groeben, Norbert/ders. (Hrsg.): Lesekompetenz. Bedingungen, Dimensionen, Funktionen, Weinheim/München, S. 123-149.

HURRELMANN, Bettina (2004): Sozialisation der Lesekompetenz, in: Schiefele, Ulrich u.a. (Hrsg.): Struktur, Entwicklung und Förderung von Lesekompetenz. Vertiefende Analysen im Rahmen von PISA 2000, Wiesbaden, S. 37-60.

HURRELMANN, Klaus (2006): Einführung in die Sozialisationstheorie, Weinheim/Basel.

JEßING, Benedikt/Köhnen, Ralph (2003): Einführung in die Neuere deutsche Literaturwissenschaft, Stuttgart.

KMK (Hrsg.) (2002): Einheitliche Prüfungsanforderungen in der Abiturprüfung Deutsch, im Internet unter url: <http://www.kmk.org/doc/beschl/epa_deutsch.pdf>, letztes Update: unbekannt, letzte Recherche am 7.10.2008.

KMK (Hrsg.) (2004): Bildungsstandards im Fach Deutsch für den Mittleren Schulabschluss, München.

KMK (Hrsg.) (2005): Einheitliche Prüfungsanforderungen in der Abiturs-prüfung Sozialkunde/Politik, im Internet unter url: <www.kmk.org/doc/beschl/EPA-Sozialkunde_Politik.pdf>, letztes Update: unbekannt, letzte Recherche am 7.10.2008.

KÖHLER, Gabriele (2003): Sprache, in: Schäfers, Bernhard (Hrsg.): Grund-begriffe der Soziologie, Opladen, S. 367-371.

KUHN, Hans-Werner (2000): Rekonstruktion einer Textanalyse anhand eines „Wochenschau"-Heftes, in: Politische Bildung H.33, S. 115-128.

KUHN, Hans-Werner (2007): Mit Texten lernen: Textquellen und Textana-lyse, in: Sander, Wolfgang (Hrsg.): Handbuch politische Bildung, Bonn, S. 509-522.

MASSING, Peter (2004): Die Textanalyse, in: ders./Frech, Siegfried/Kuhn, Hans-Werner (Hrsg.): Methodentraining für den Politikunterricht, Schwalbach/Ts., S. 37-48.

MFSW des Landes Nordrhein-Westfalen (Hrsg.) (1999): Richtlinien und Lehrpläne für die Sekundarstufe II – Gymnasium/Gesamtschule in Nordrhein-Westfalen. Sozialwissenschaften, Frechen.

MFSW des Landes Nordrhein-Westfalen (Hrsg.) (2007a): Kernlehrplan für den verkürzten Bildungsgang des Gymnasiums - Sekundarstufe I (G8) in NRW. Deutsch, Frechen.

MFSW des Landes Nordrhein-Westfalen (Hrsg.) (2007b): Kernlehrplan für den verkürzten Bildungsgang des Gymnasiums - Sekundarstufe I (G8) in NRW. Politik/Wirtschaft, Frechen.

NOLD, Günter/Willenberg, Heiner (2007): Lesefähigkeit, in: Beck, Bär-bel/Klieme, Eckhard (Hrsg.): Sprachliche Kompetenzen. Konzepte und Messung, Weinheim/Basel, S. 23-41.

OECD (Hrsg.) (2007): PISA 2006. Naturwissenschaftliche Kompetenzen für die Welt von morgen. Kurzzusammenfassung, o.O.

OECD (Hrsg.) (o.J.): OECD PISA Studie liefert international vergleichbare Daten zu Schülerleistungen, im Internet unter url: >http://www.oecd.org/dataoecd/40/49/2675424.pdf<, letztes Update: unbekannt, Recherche am 7.10.2008.

REISS, Kristina/Abel, Jürgen (1999): Die Diagnose deklarativen Wissens mit Hilfe von Concept Maps, in: Henning, Herbert (Hrsg.): Mathematik lernen durch Handeln und Erfahrung. Festschrift zum 75. Geburtstag von Heinrich Besunden, Oldenburg, S. 175-185.

RICHTER, Dagmar (2006): Civic literacy, reading literacy – gibt es auch eine „politische Lesekompetenz"? in: GPJE (Hrsg.): Standards der Theoriebildung und empirischen Forschung in der politischen Bildung, Schwalbach/Ts., S. 55-65.

RICHTER, Tobias/Christmann, Ursula (2002): Lesekompetenz: Prozessebenen und interindividuelle Unterschiede, in: Groeben, Norbert/Hurrelmann, Bettina (Hrsg.): Lesekompetenz. Bedingungen, Dimensionen, Funktionen, Weinheim/München, S. 25-58.

SCHLOBINSKI, Peter (2001): Hypertext und Hypertextanalyse: Schülerzeitschriften im Netz. In: Der Deutschunterricht, H. 2, S. 58-67.

SCHNOTZ, Wolfgang/Dutke, Stephan (2004): Kognitionspsychologische Grundlagen der Lesekompetenz: Mehrebenenverarbeitung anhand multipler Informationsquellen, in: Schiefele, Ulrich u.a. (Hrsg.): Struktur, Entwicklung und Förderung von Lesekompetenz. Vertiefende Analysen im Rahmen von PISA 2000, Wiesbaden, S. 61-99.

SEEL, Norbert M. (2003): Psychologie des Lernens: Lehrbuch für Pädagogen und Psychologen, München.

SPINNER, Kaspar H. (2004): Lesekompetenz in der Schule, in: Schiefele, Ulrich u.a. (Hrsg.): Struktur, Entwicklung und Förderung von Lesekompetenz. Vertiefende Analysen im Rahmen von PISA 2000, Wiesbaden, S. 125-138.

STANAT, Petra/Schneider, Wolfgang (2004): Schwache Leser unter 15-jährigen Schülerinnen und Schülern in Deutschland: Beschreibung einer Risikogruppe, in: Schiefele, Ulrich u.a. (Hrsg.): Struktur, Entwicklung und Förderung von Lesekompetenz. Vertiefende Analysen im Rahmen von PISA 2000, Wiesbaden, S. 243-273.

VORDERER, Peter/Klimmt, Christoph: Lesekompetenz im medialen Spannungsfeld von Informations- und Unterhaltungsangeboten, in: Groeben, Norbert/Hurrelmann, Bettina (Hrsg.): Lesekompetenz. Bedingungen, Dimensionen, Funktionen, München 2002, S. 215-235.

VOSS, Andreas/Schwippert, Knut/Carstensen, Claus H. (2004): IGLU und PISA. Überlegungen zur Vergleichbarkeit der deutschen IGLU- und PISA-Ergebnisse, in: Bos, Wilfried u.a. (Hrsg.): Heterogenität. Eine Herausforderung an die empirische Bildungsforschung, Münster, S. 301-310.

WEHLING, Hans-Georg (1977): Konsens à la Beutelsbach? Nachlese zu einem Expertengespräch, in: Schiele, Siegfried/Schneider, Herbert (Hrsg.): Das Konsensproblem in der politischen Bildung, Stuttgart, S. 173-184.

WEIßENO, Georg (1997): Aus Quellen lernen: Arbeit mit Texten, Grafiken, Karikaturen, Fotos und Film, in: Sander, Wolfgang (Hrsg.): Handbuch politische Bildung, Bonn, S. 431-445.

WEIßENO, Georg (2002): Textanalyse, in: Kuhn, Hans-Werner/Massing, Peter (Hrsg.): Lexikon der politischen Bildung. Methoden und Arbeitstechniken. Band 3, Schwalbach/Ts., S. 190-192.

WOLF, Frieder (2006): Bildungspolitik: Föderale Vielfalt und gesamtstaatliche Vermittlung, in: Schmidt, Manfred G./Zohlnhöfer, Reimut (Hrsg.): Regieren in der Bundesrepublik Deutschland. Innen- und Außenpolitik

Anhang

Anhang 1.1

Schematischer Überblick über die Aufgabenseite der PISA-Studie.

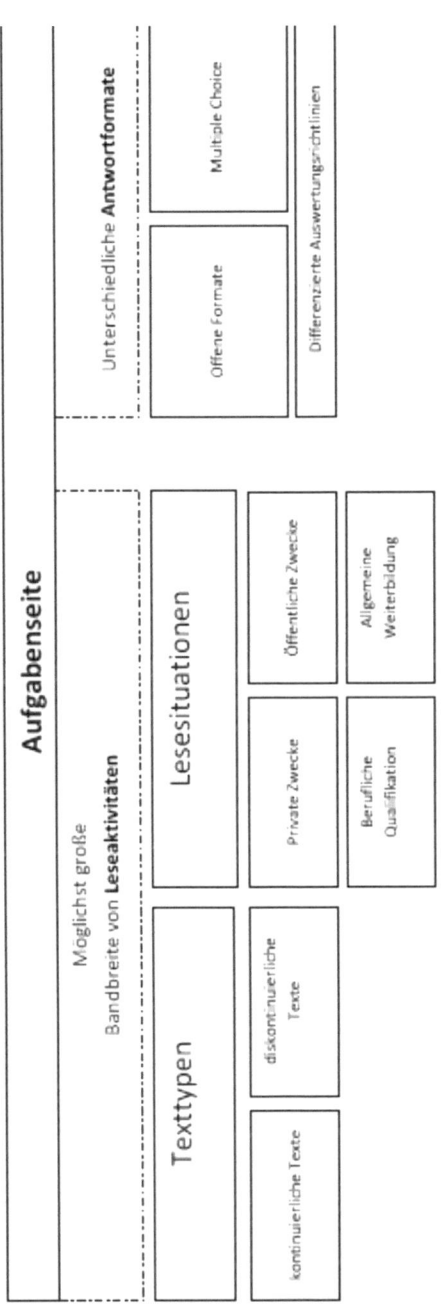

Anhang 1.2

Schematischer Überblick über theoretische Struktur von Lesekompetenz
der PISA-Studie.

Quelle: Artelt u.a., 2001, S. 82. Hier: Bearbeitete Darstellung.

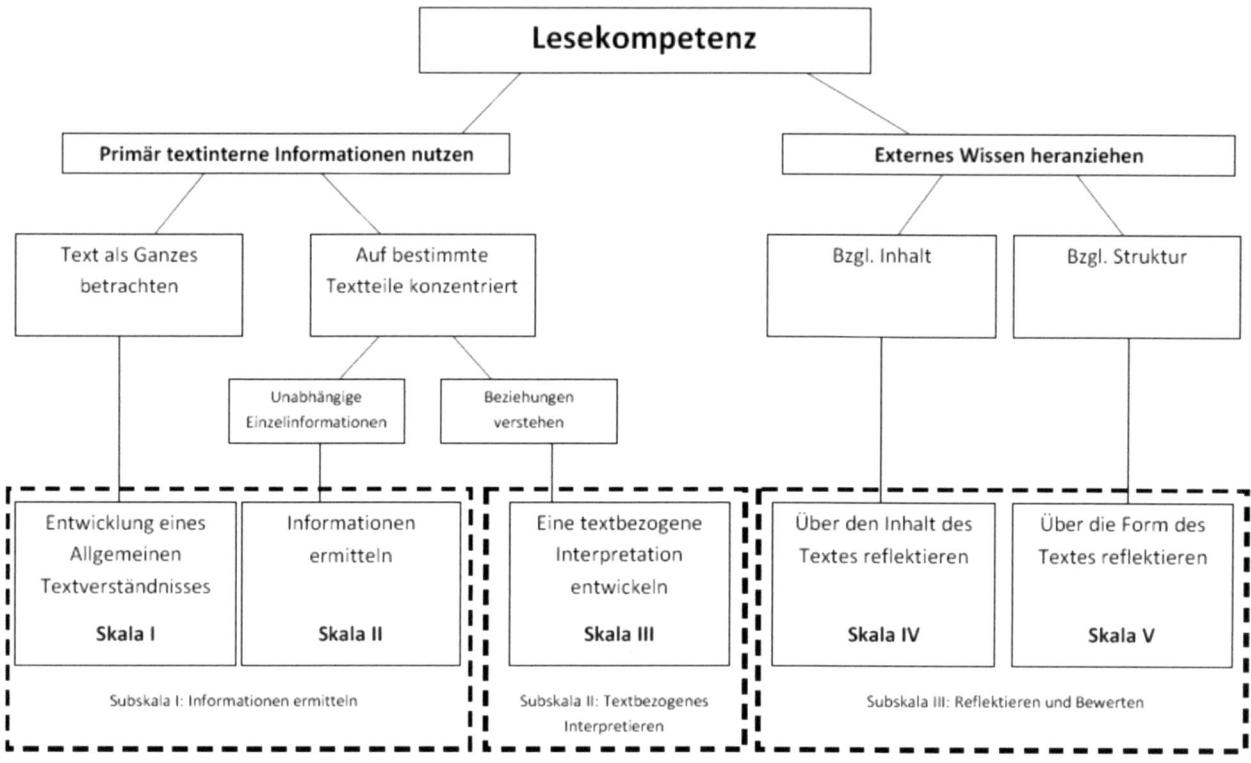

Anhang 1.2

Schematische Darstellung der im Folgenden erläuterten Anforderungsge-
nerierenden Merkmale, der Kompetenzstufen und deren Verbindung mit
den (Sub-) Skalen.

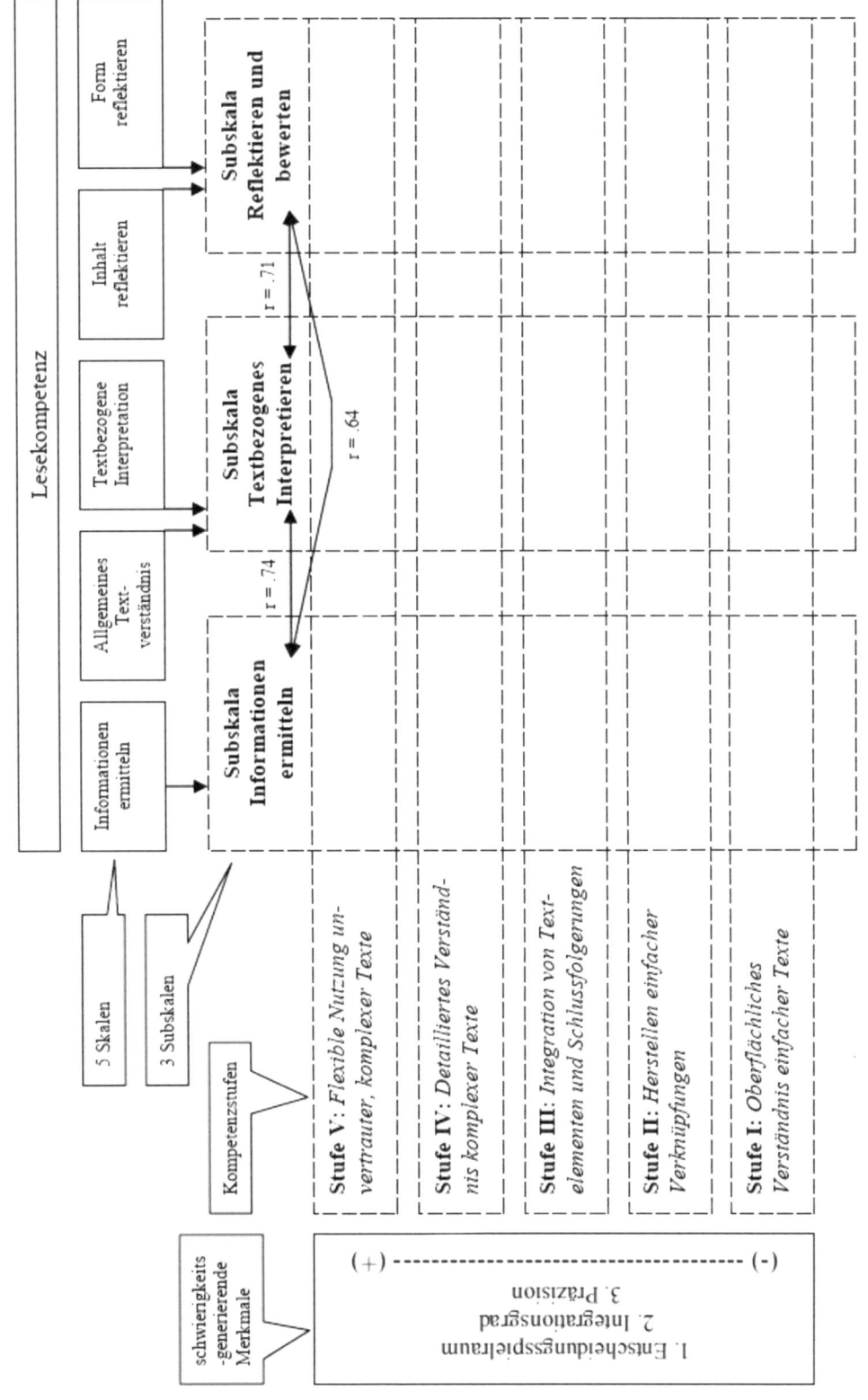

Anhang 2:

Beispiel für ein repräsentatives Symbol: Eine durchgestrichene Zigarette im Rauchen-verboten-Schild.

Quelle: Wirtschaftkammer Tirol (Hrsg.) (2008): Unternehmer gegen Rauchverbot, im Internet unter url: <http://public.wuapaa.com/wktirol/2008/images/rauchen_gr.jpg>, letztes Update: 24.4.2008, Recherche am 2.9.2008.

Beispiel für ein metaphorisches Symbol: Der sich vor dem Schuldenberg erschreckende Bundesadler.

Quelle: Globus Infografik (Hrsg.) (2006): Der staatliche Schuldenberg, im Internet unter url:

< http://www.wr-unterricht.de/globus4-2006-gr.jpg>, letztes Update: unbekannt, Recherche am 2.9.2008.

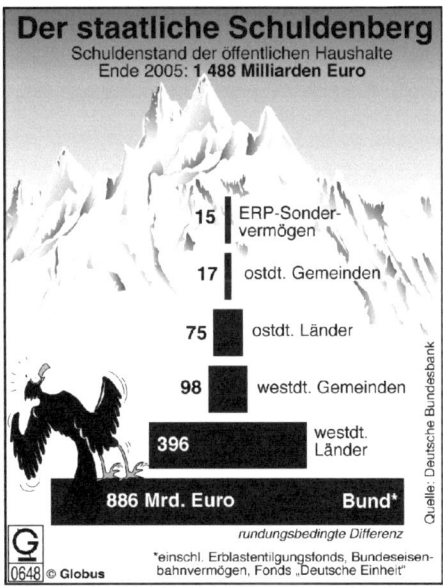

Anhang 4:

Schematische Darstellung der Kompetenzbereiche für das Fach Deutsch der Bildungsstandards.

Quelle: KMK, 2004,, S. 8. Hier: Bearbeitete Darstellung.

Sprache und Sprachgebrauch untersuchen
Sprache zur Verständigung gebrauchen,
fachliche Kenntnisse erwerben,
über Verwendung von Sprache nachdenken und sie als System
verstehen

Methoden und Arbeitstechniken
werden mit den Inhalten des Kompetenzbereichs erworben

Sprechen und Zuhören	**Schreiben**	**Lesen – mit Texten und Medien umgehen**
zu anderen, mit anderen, vor anderen sprechen, Hörverstehen entwickeln	reflektierend, kommunikativ und gestalterisch schreiben	Lesen, Texte und Medien verstehen und nutzen, Kenntnisse über Literatur erwerben
Methoden und Arbeitstechniken werden mit den Inhalten des Kompetenzbereichs erworben	*Methoden und Arbeitstechniken werden mit den Inhalten des Kompetenzbereichs erworben*	*Methoden und Arbeitstechniken werden mit den Inhalten des Kompetenzbereichs erworben*

Anhang 5:

Schematische Darstellung der Aufgabenbereiche für das Fach Deutsch entsprechend der Einheitlichen Prüfungsanforderungen für das Abitur, der Bildungsstandards sowie des G8-Kernlehrplans NRW.

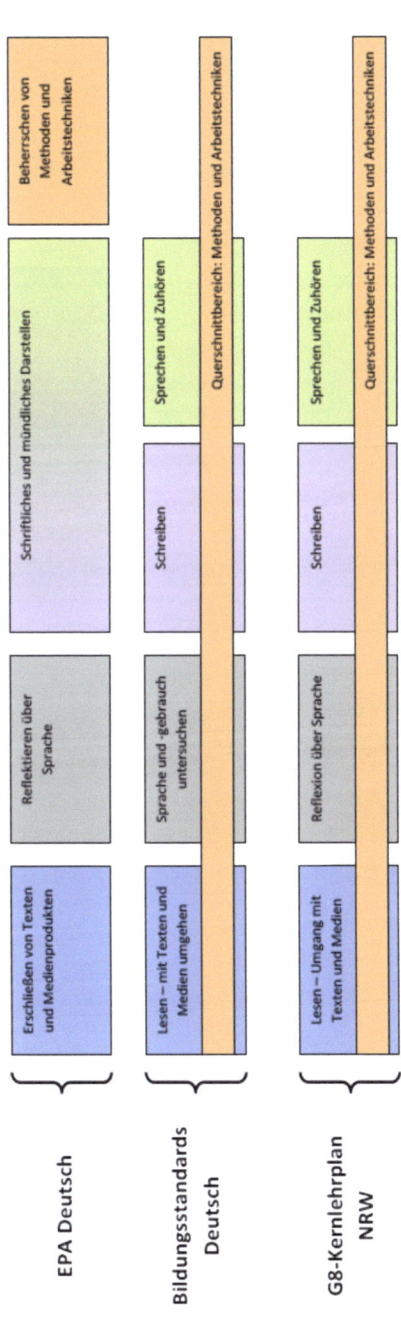

Aufgabenbereiche des Faches Deutsch

<u>Anhang 6:</u>

Erschließungsfragen, die sich an den Dimensionen des Politischen orientieren zur Erschließung von Zeitungstexten.

Erschließungsfragen für einen Zeitungstext

Dimension des Politischen	Konkrete Erschließungsfragen
policy	Worum geht es? Was ist das Problem? Welches Ausmaß hat es? Welche Lösungsmöglichkeiten werden diskutiert?
politics	Wer ist an der Auseinandersetzung beteiligt? Welche Interessen verfolgen die Akteure? Welche Einflussmöglichkeiten haben die Akteure?
polity	Welche Verfassungsbestimmungen, Regelungen und Normen beeinflussen die Auseinandersetzung?

Quelle: Breit, 2005, S. 25; zit. nach Eichner, 2007, S. 17. Hier: Bearbeitete Darstellung.

Korrelationen zwischen den Schülerleistungen bei literarischen, kontinu-
ierlichen und diskontinuierlichen Texten und Zuordnung zu den Fächern
Deutsch und Sozialwissenschaft.
Quelle: Artelt/Schlagmüller, 2004, S. 178. Hier: Ergänzte Darstellung.

Korrelationen zwischen den Schülerleistungen bei
verschiedenen Textsorten (entsprechend PISA)

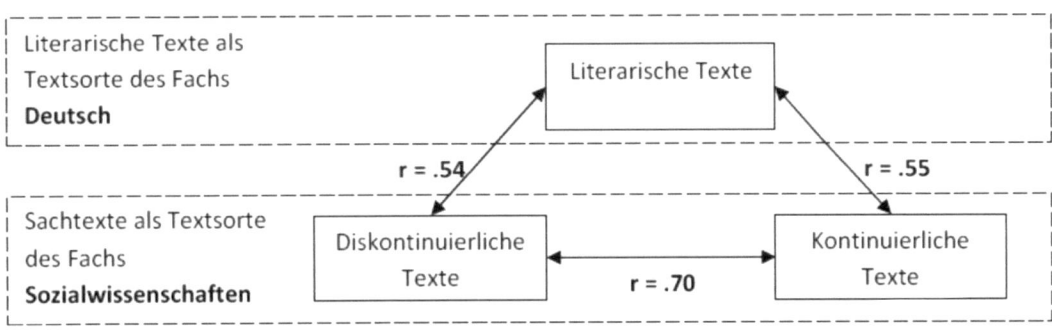

Anhang 8:

Strukturelle Darstellung von Richters (2006) Modell einer politischen Lesekompetenz.

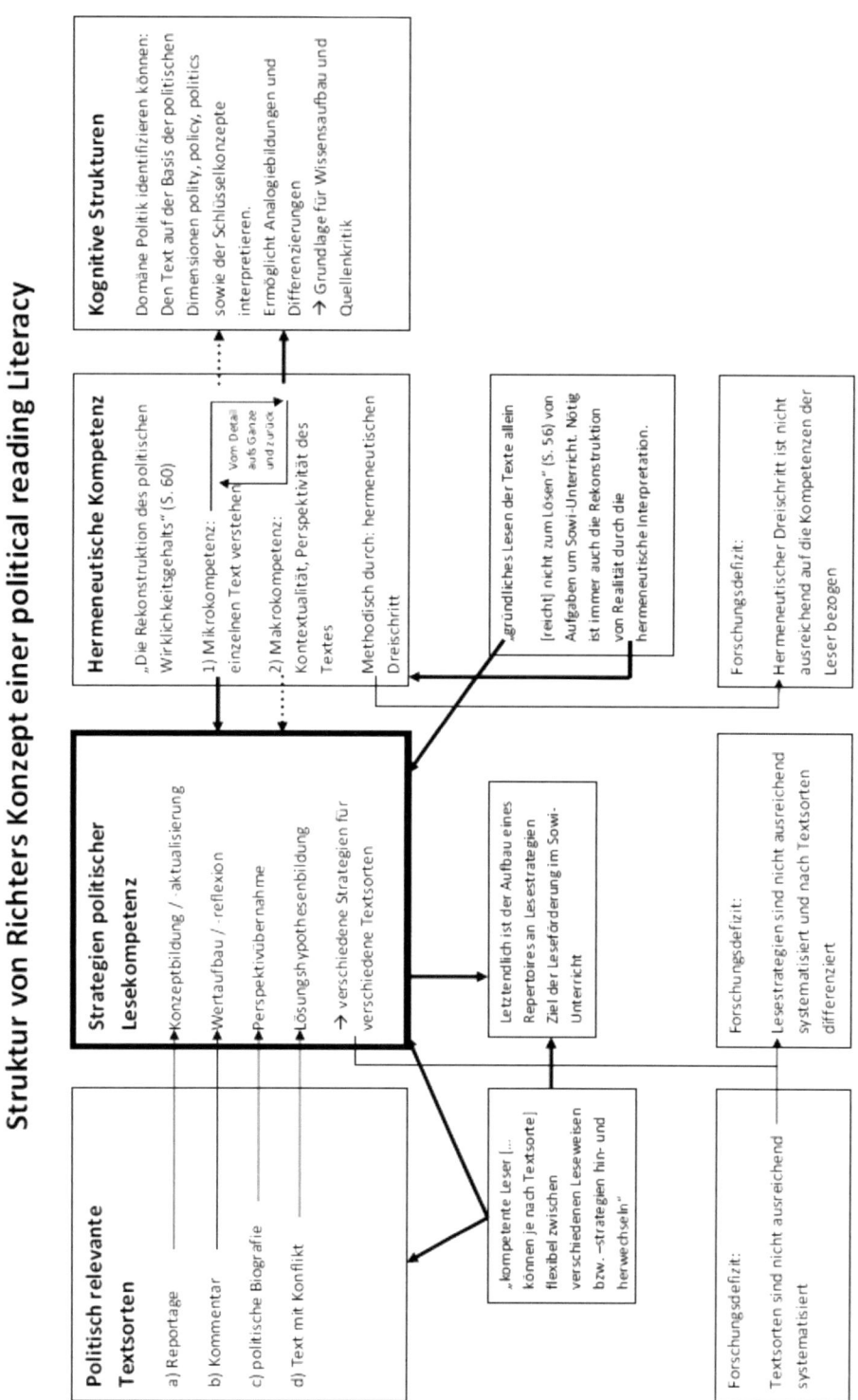

Struktur von Richters Konzept einer political reading Literacy

Politisch relevante Textsorten

a) Reportage

b) Kommentar

c) politische Biografie

d) Text mit Konflikt

Strategien politischer Lesekompetenz

- Konzeptbildung / -aktualisierung
- Wertaufbau / -reflexion
- Perspektivübernahme
- Lösungshypothesenbildung

→ verschiedene Strategien für verschiedene Textsorten

Hermeneutische Kompetenz

„Die Rekonstruktion des politischen Wirklichkeitsgehalts" (S. 60)

1) Mikrokompetenz: einzelnen Text verstehen

vom Detail aufs Ganze und zurück

2) Makrokompetenz: Kontextualität, Perspektivität des Textes

Methodisch durch: hermeneutischen Dreischritt

Kognitive Strukturen

Domäne Politik identifizieren können:

Den Text auf der Basis der politischen Dimensionen polity, policy, politics sowie der Schlüsselkonzepte interpretieren.

Ermöglicht Analogiebildungen und Differenzierungen

→ Grundlage für Wissensaufbau und Quellenkritik

„gründliches Lesen der Texte allein [reicht] nicht zum Lösen" (S. 56) von Aufgaben um Sowi-Unterricht. Nötig ist immer auch die Rekonstruktion von Realität durch die hermeneutische Interpretation.

Letztendlich ist der Aufbau eines Repertoires an Lesestrategien Ziel der Leseförderung im Sowi-Unterricht

„kompetente Leser [... können je nach Textsorte] flexibel zwischen verschiedenen Leseweisen bzw. -strategien hin- und herwechseln."

Forschungsdefizit:
Hermeneutischer Dreischritt ist nicht ausreichend auf die Kompetenzen der Leser bezogen

Forschungsdefizit:
Lesestrategien sind nicht ausreichend systematisiert und nach Textsorten differenziert

Forschungsdefizit:
Textsorten sind nicht ausreichend systematisiert